Tiere und Blumen

Ein Atemberaubendes Malbuch
Für Erwachsene

Anti-stress

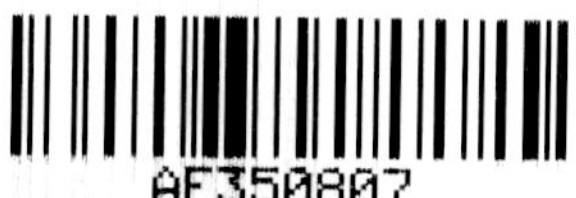

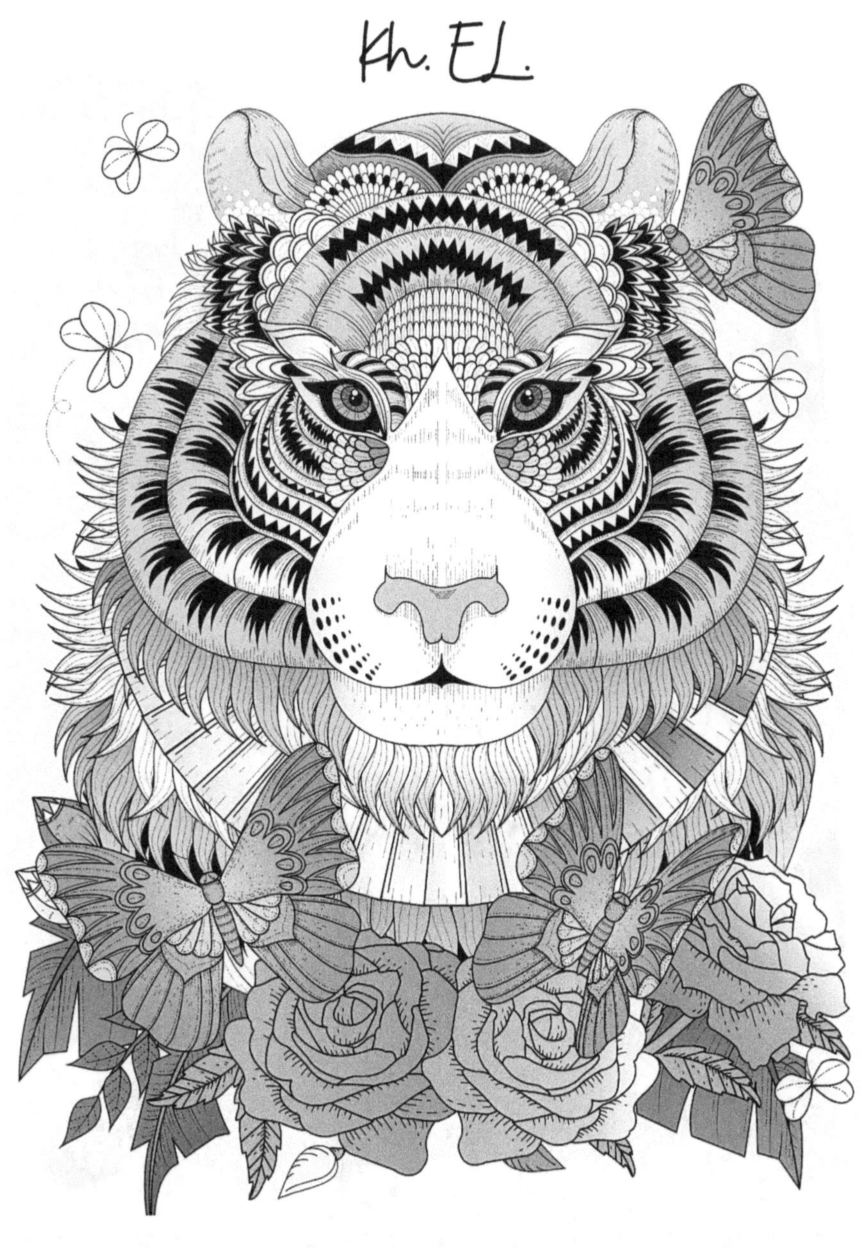

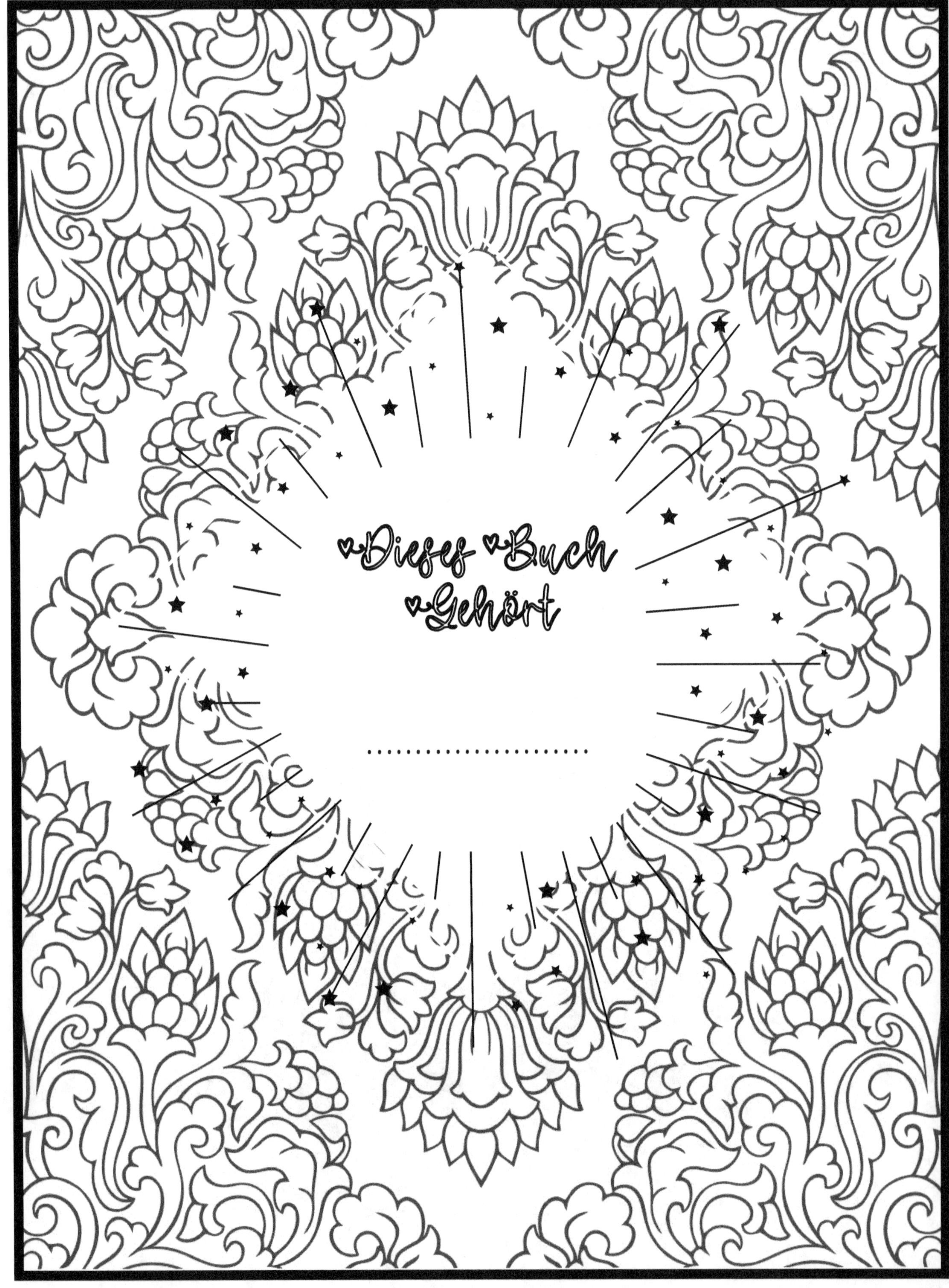

Dieses Buch
Gehört

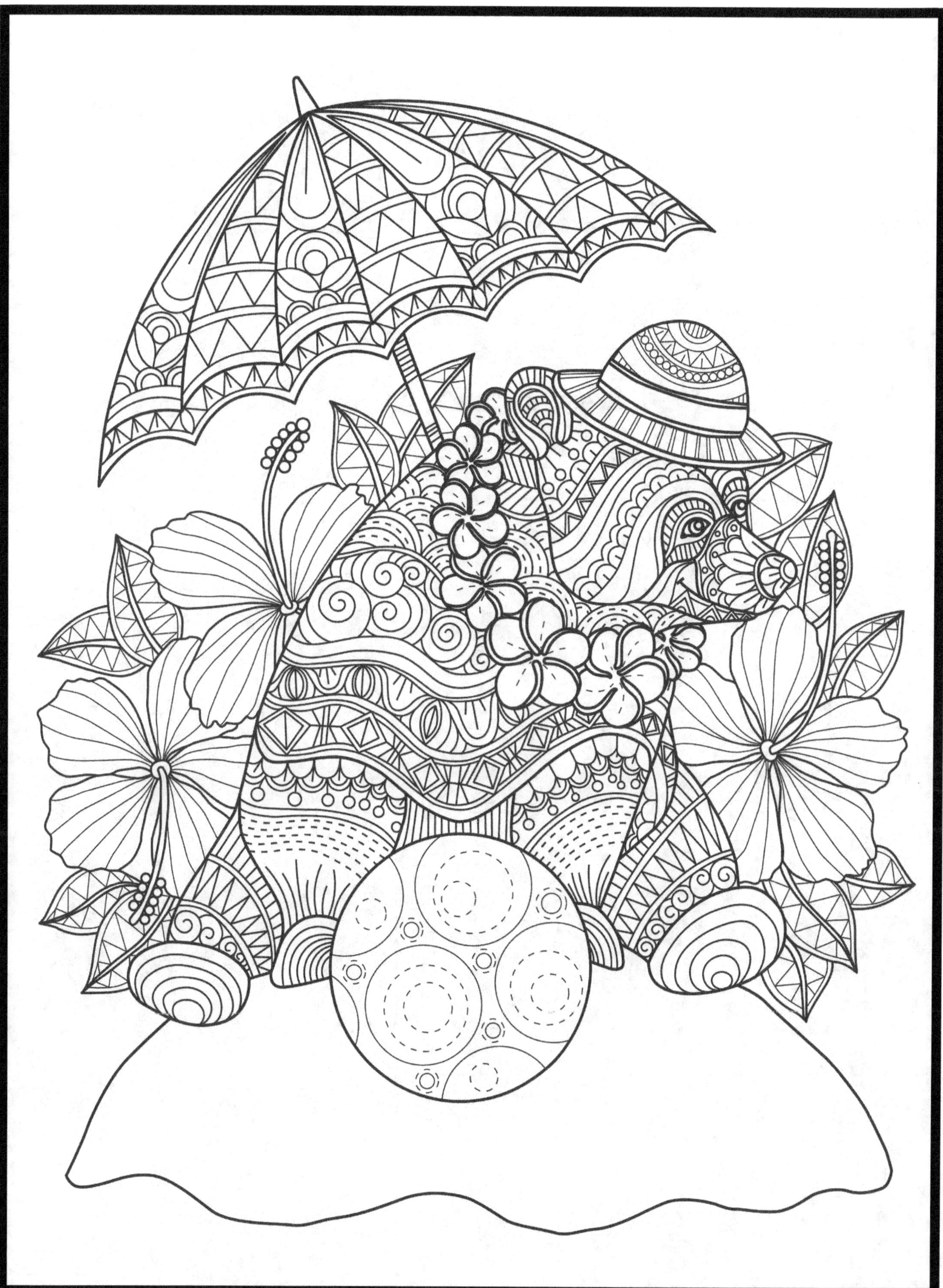

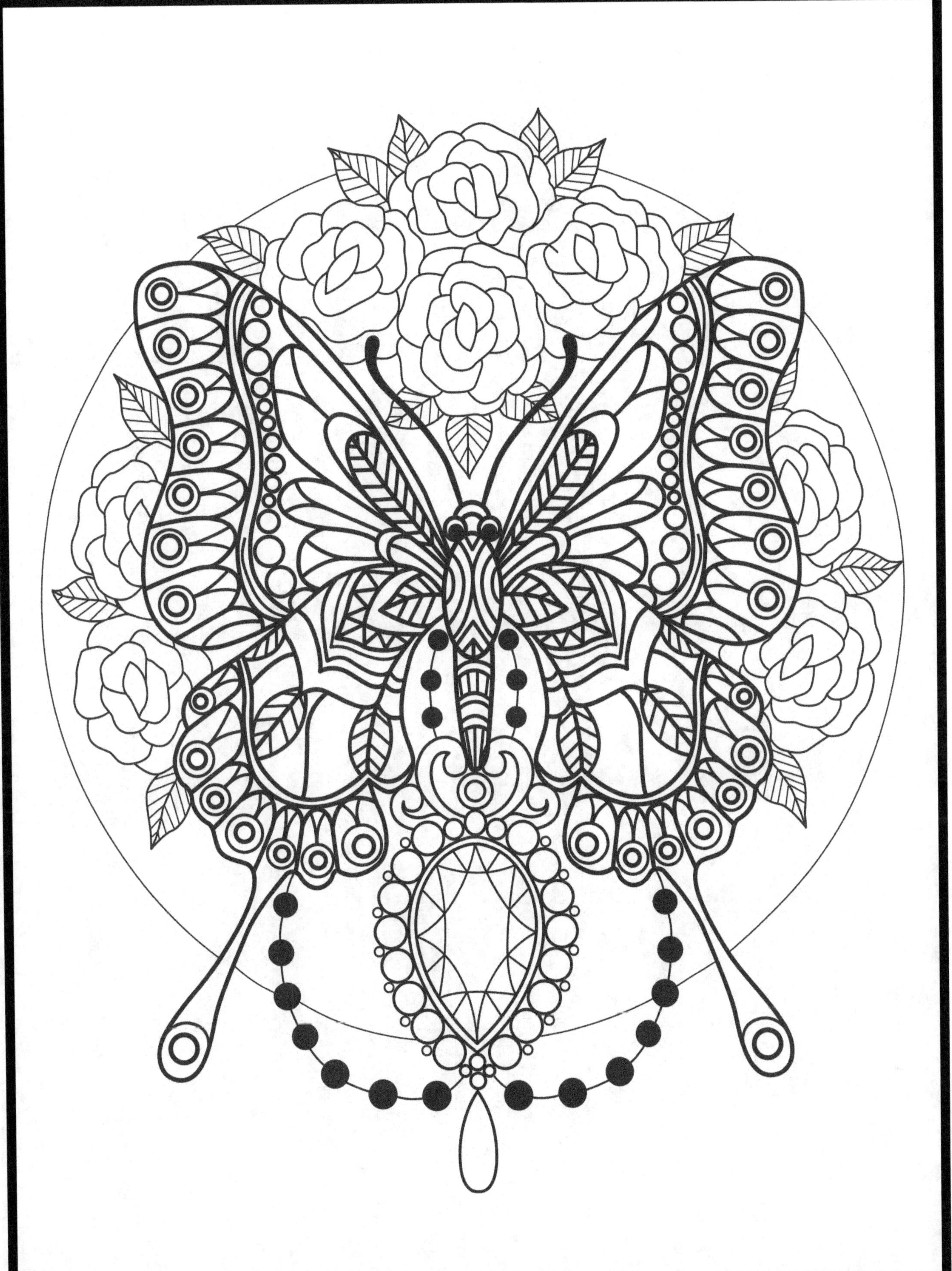

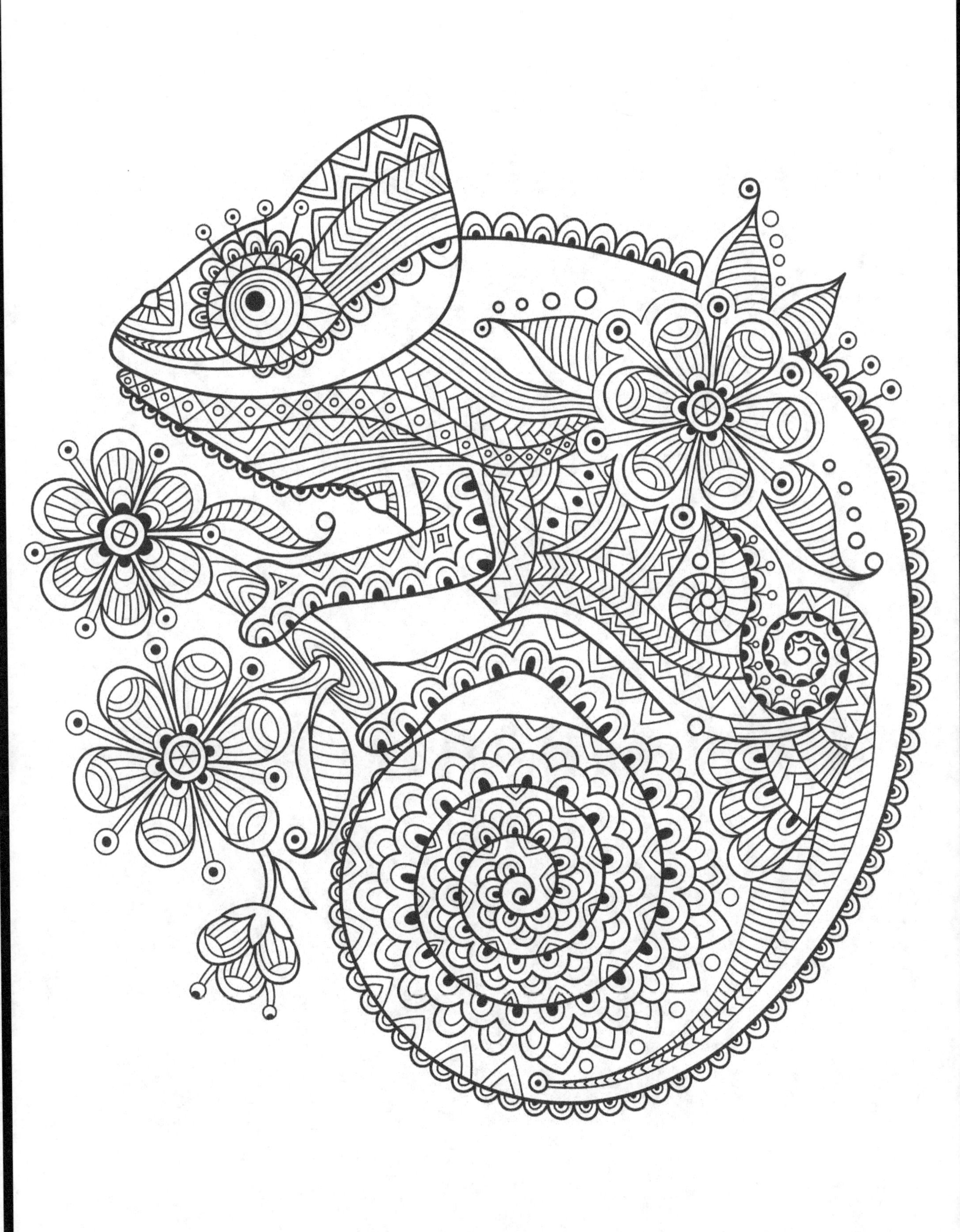

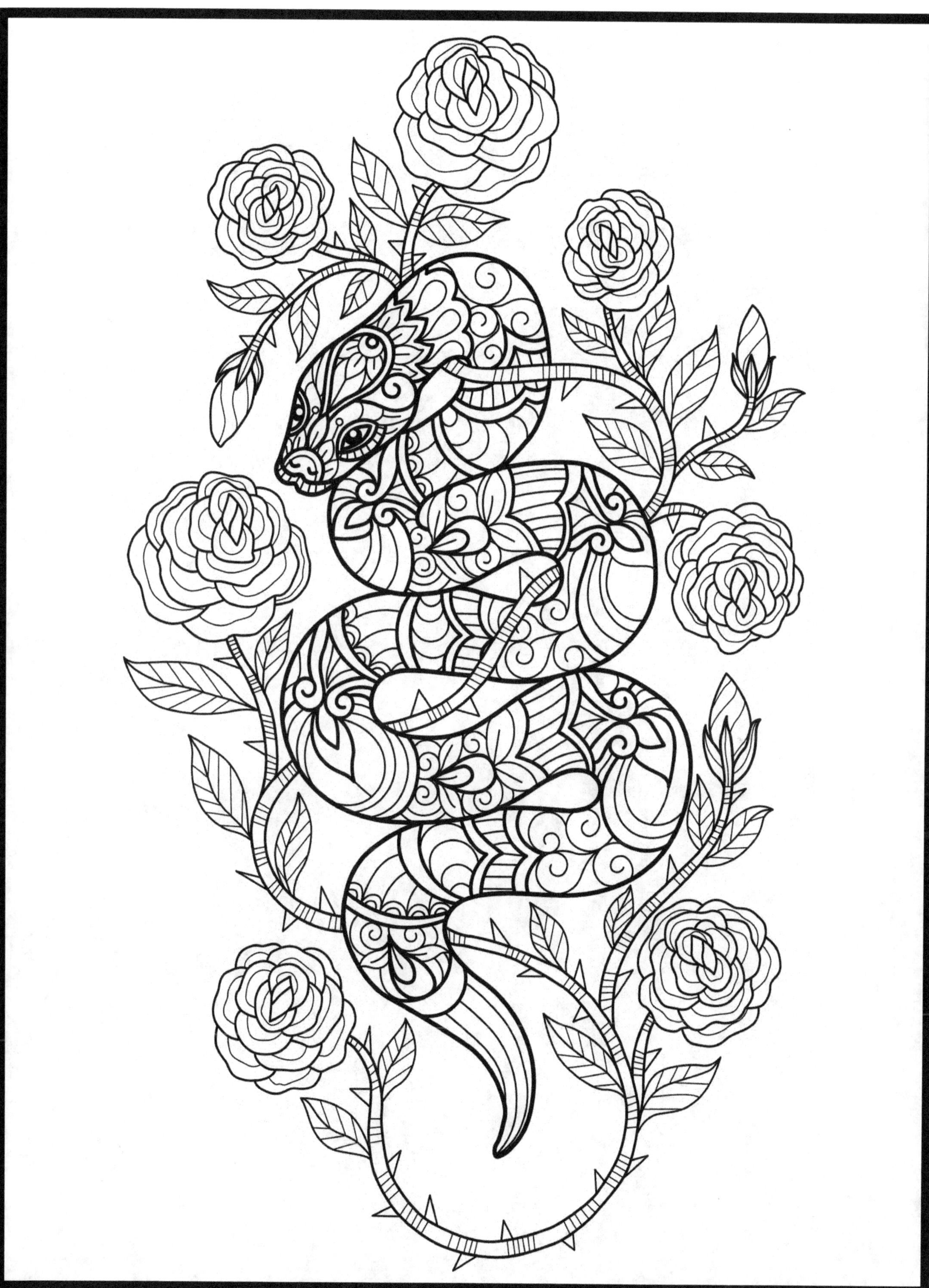

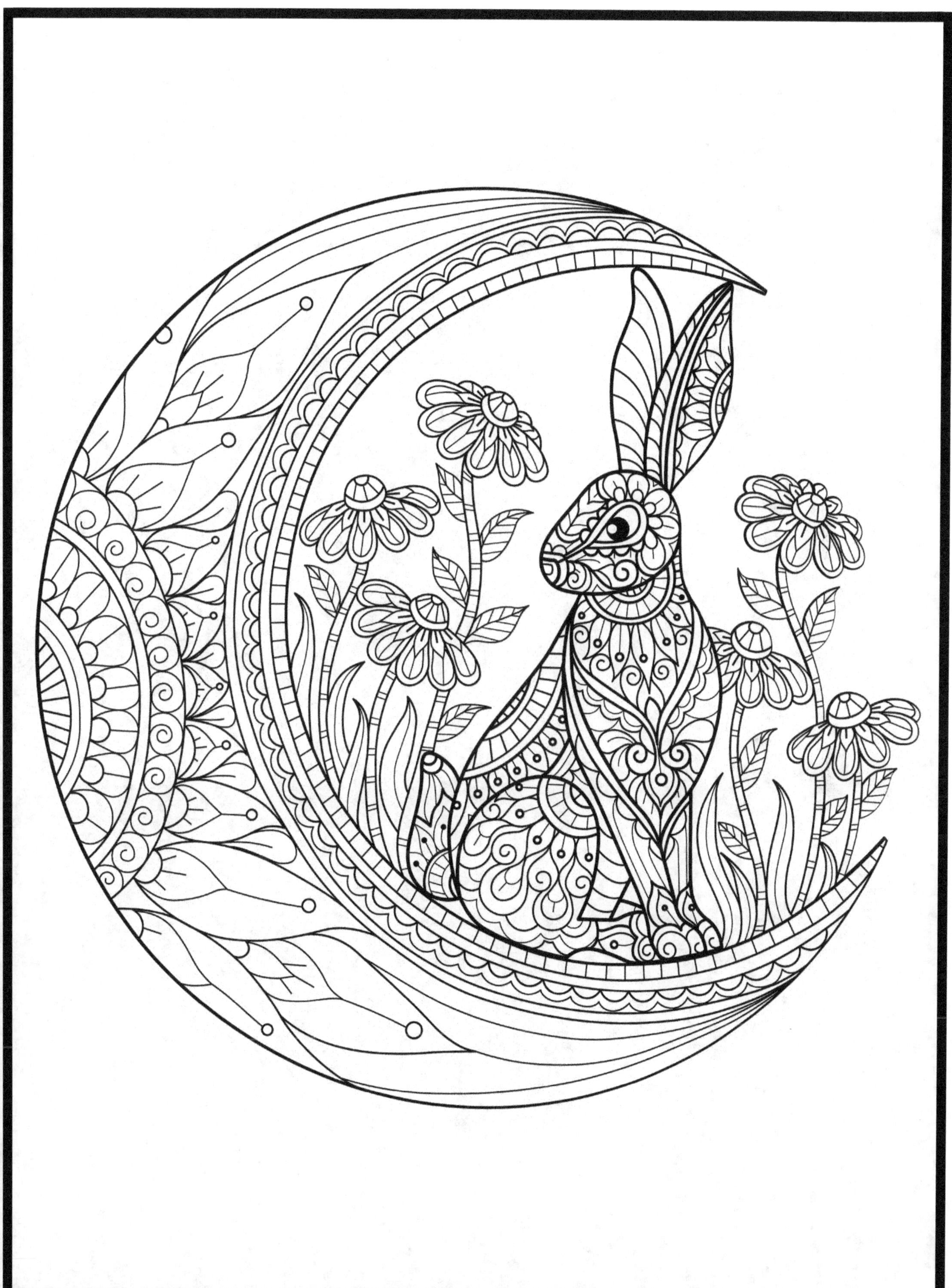

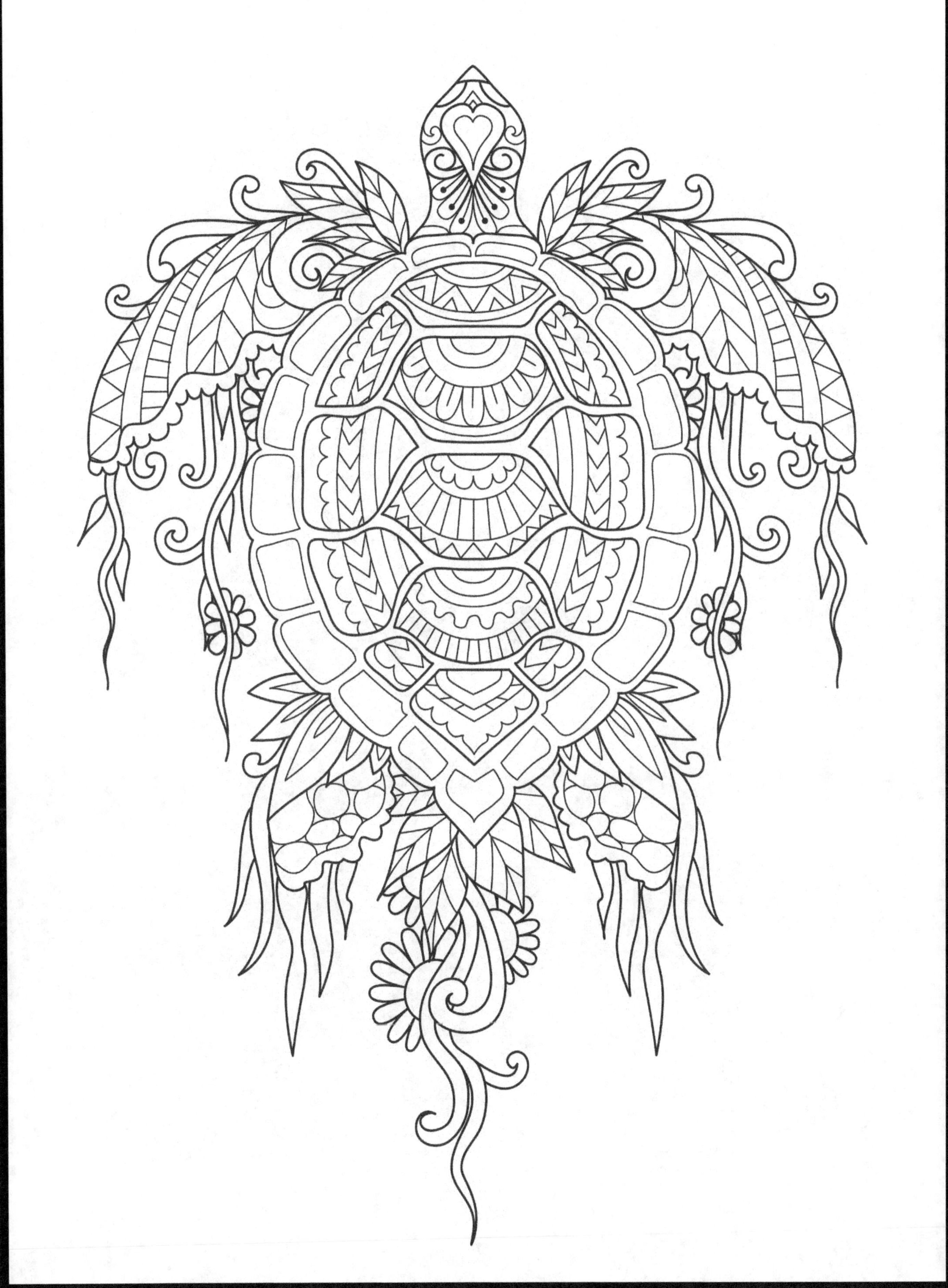

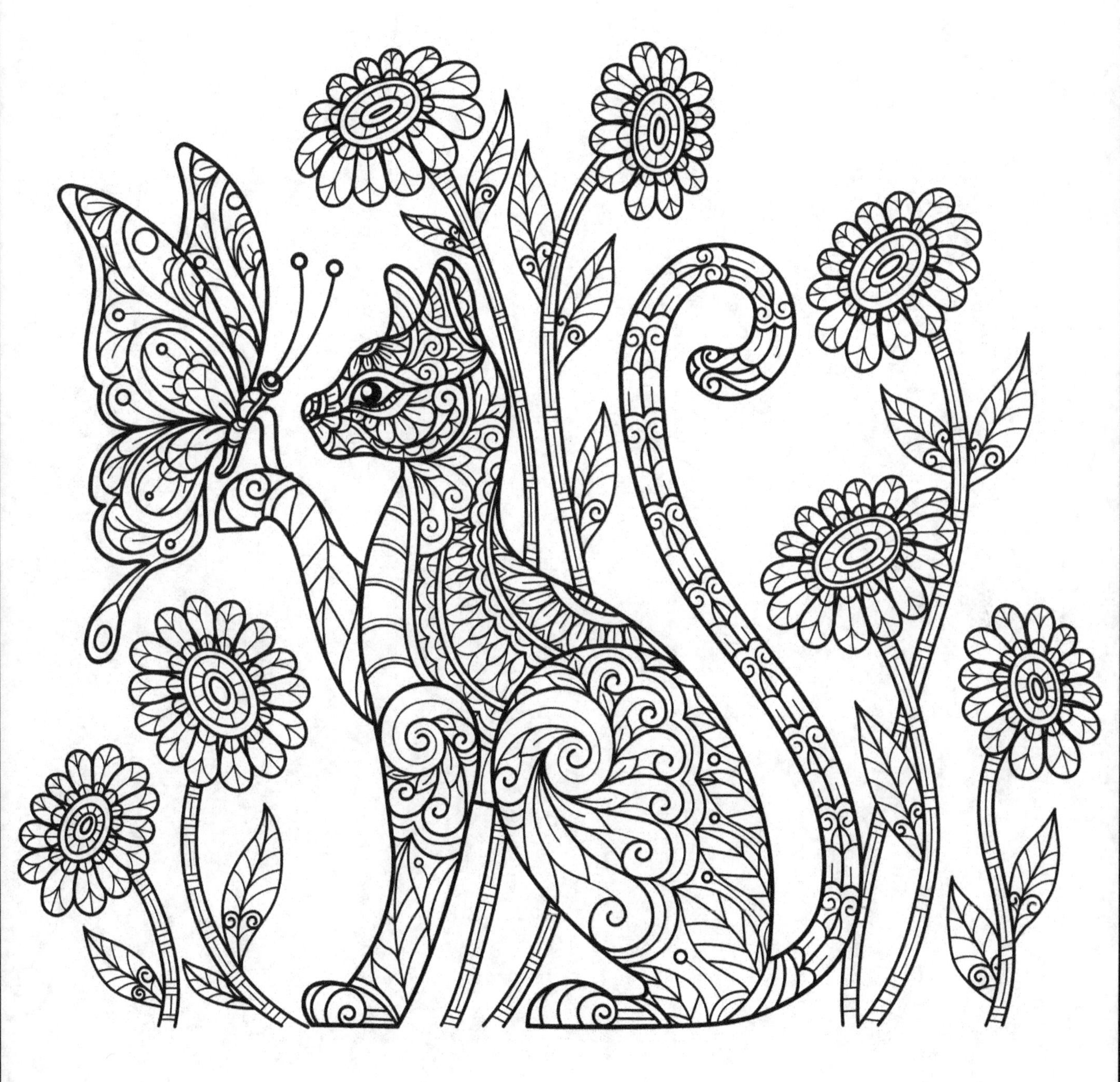

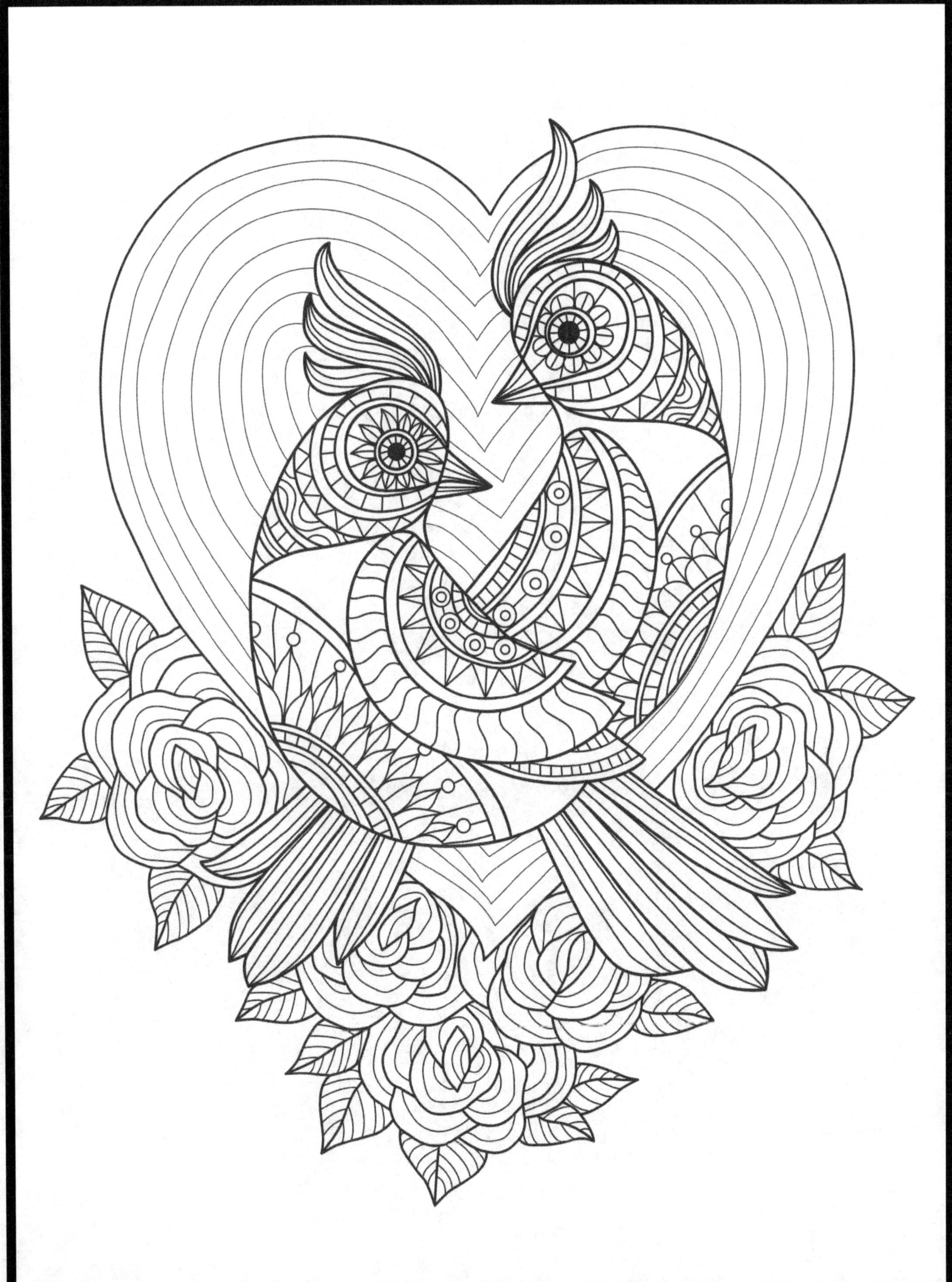

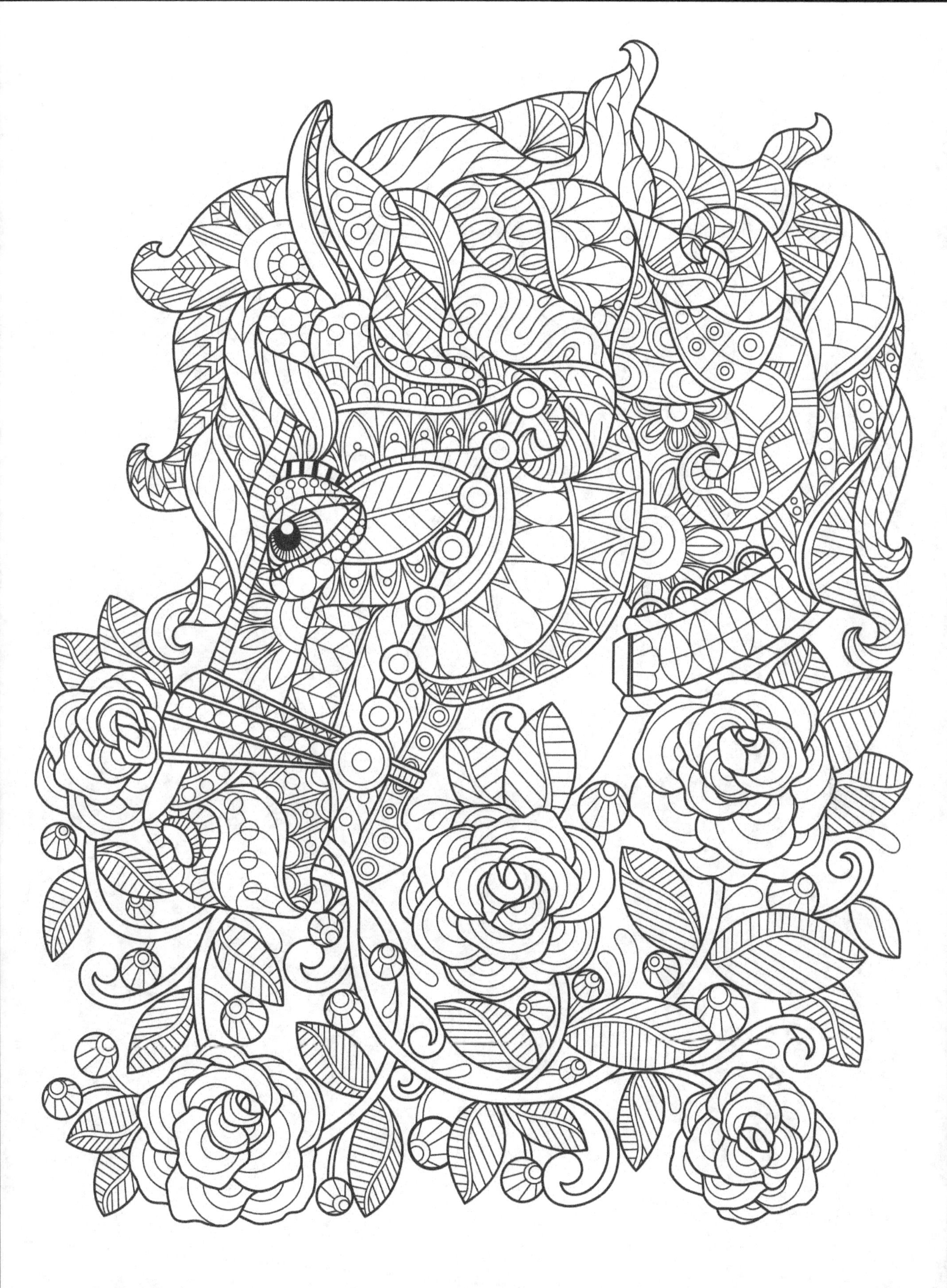

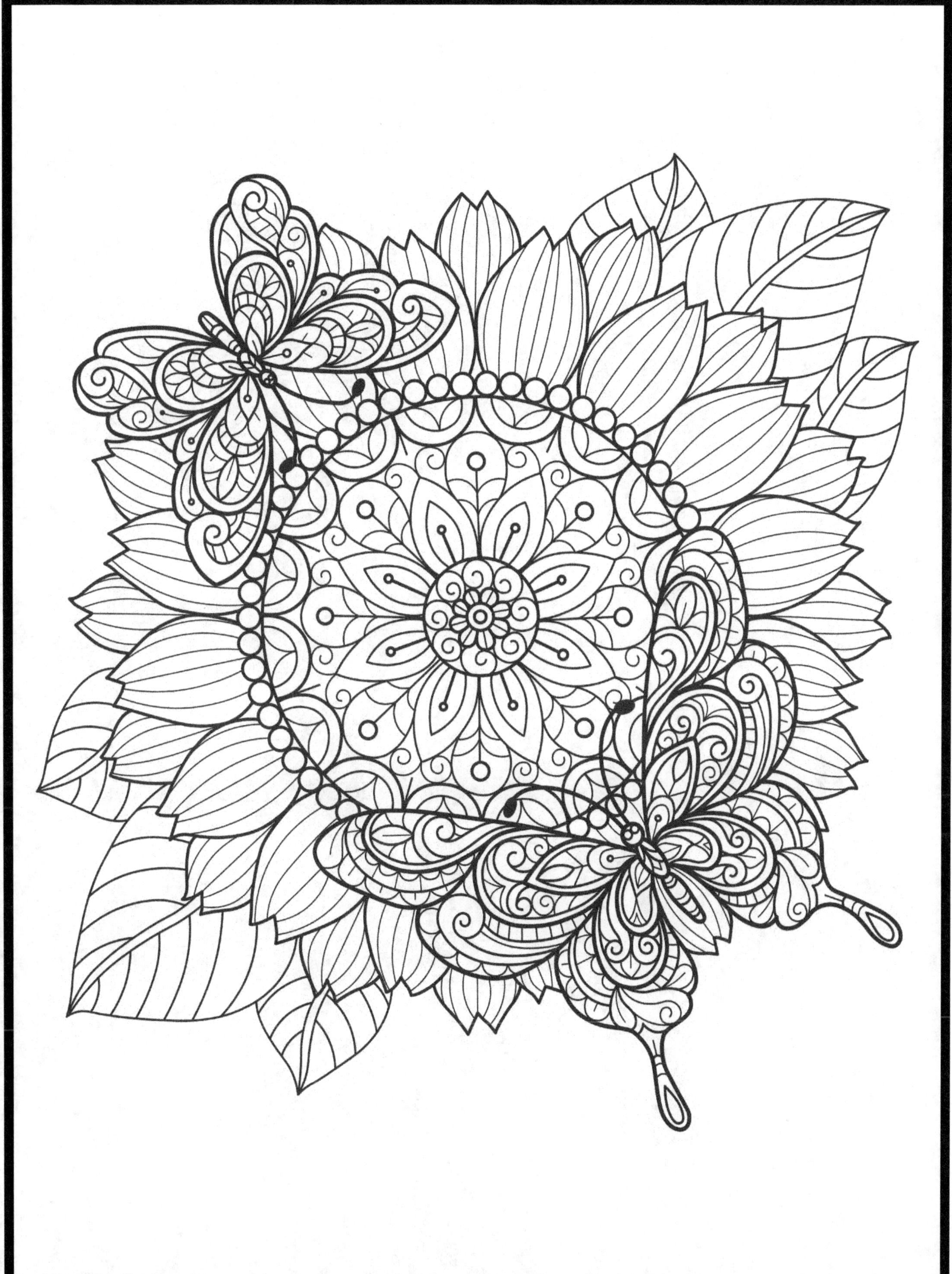

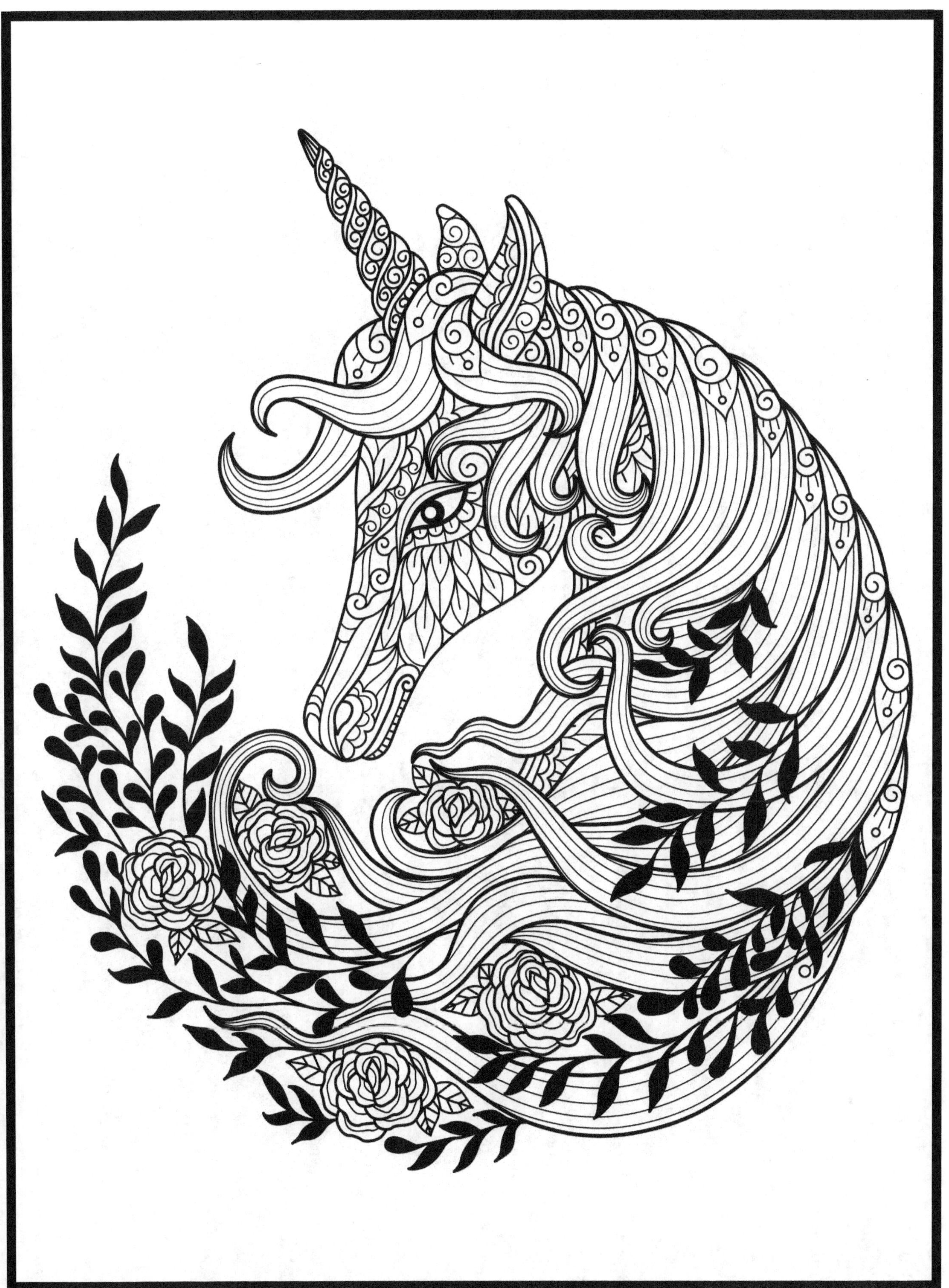

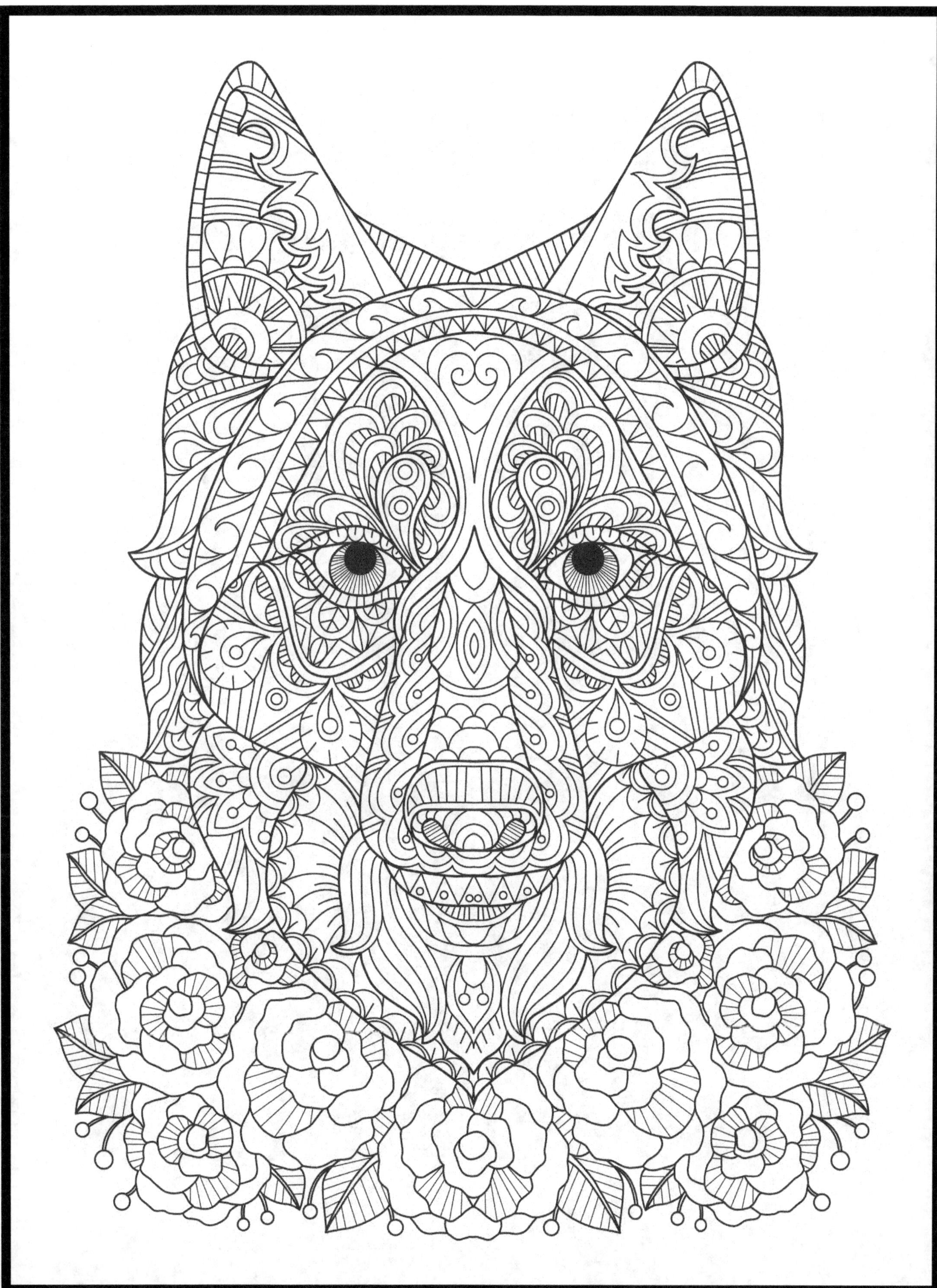

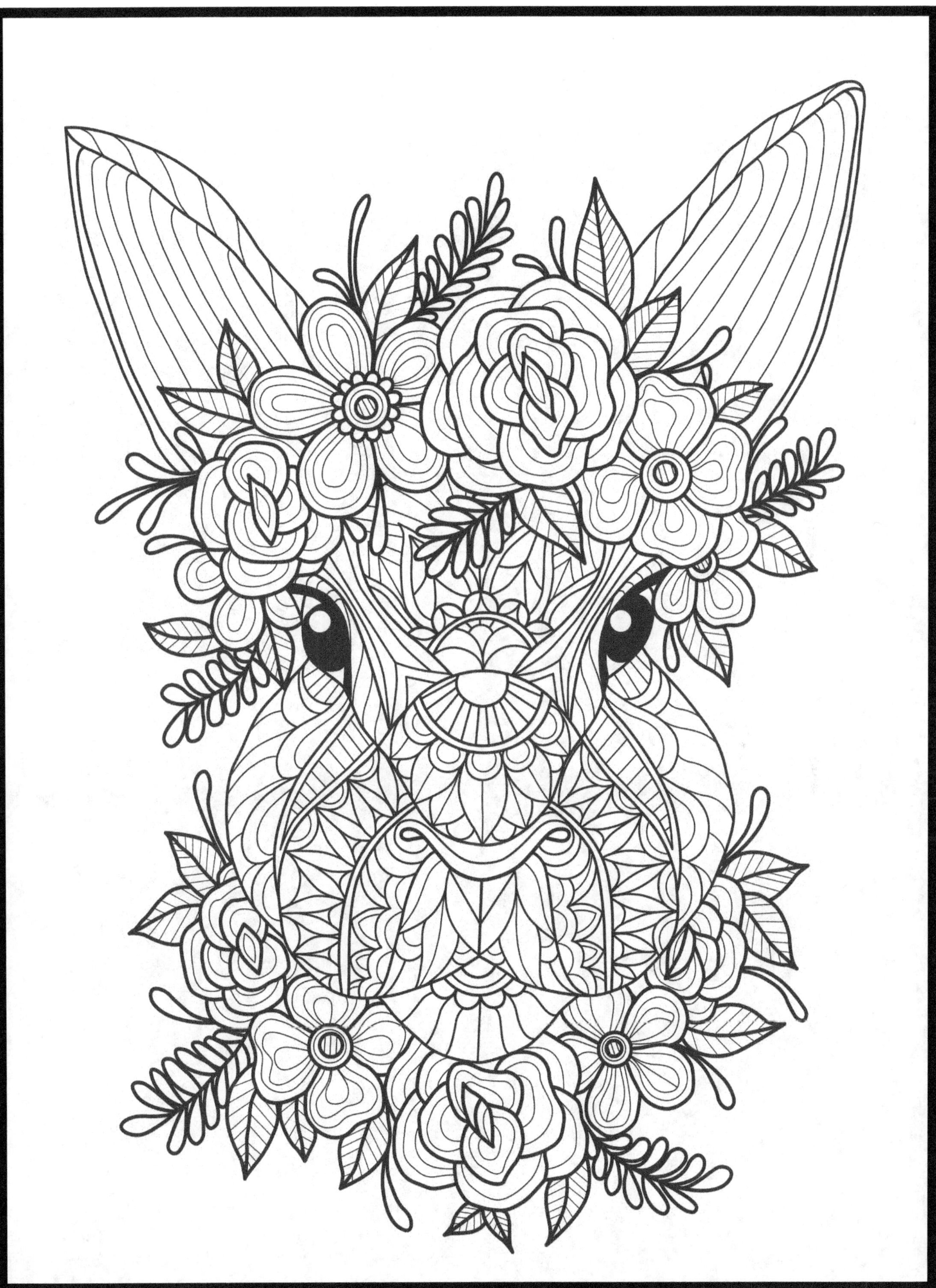

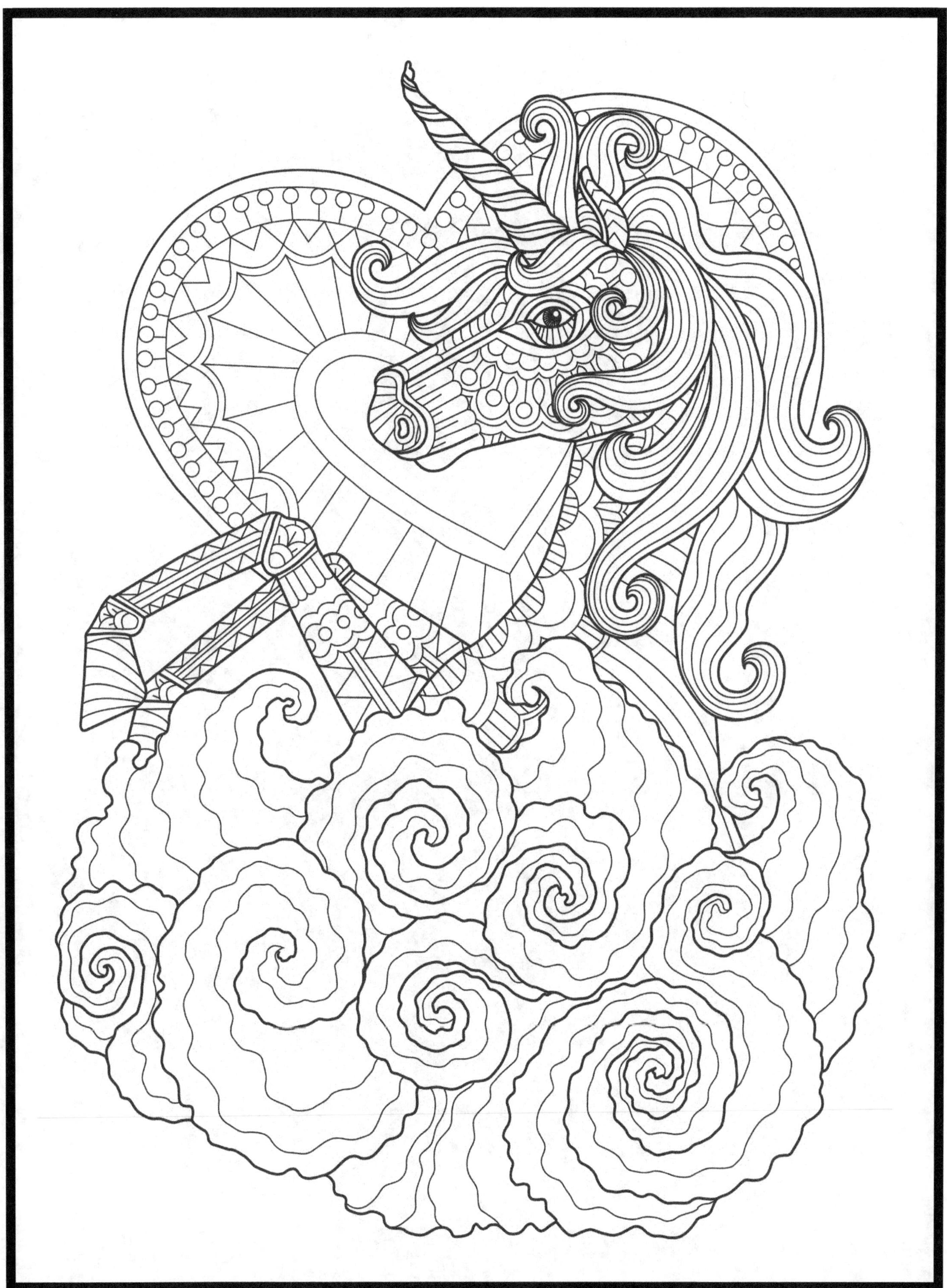

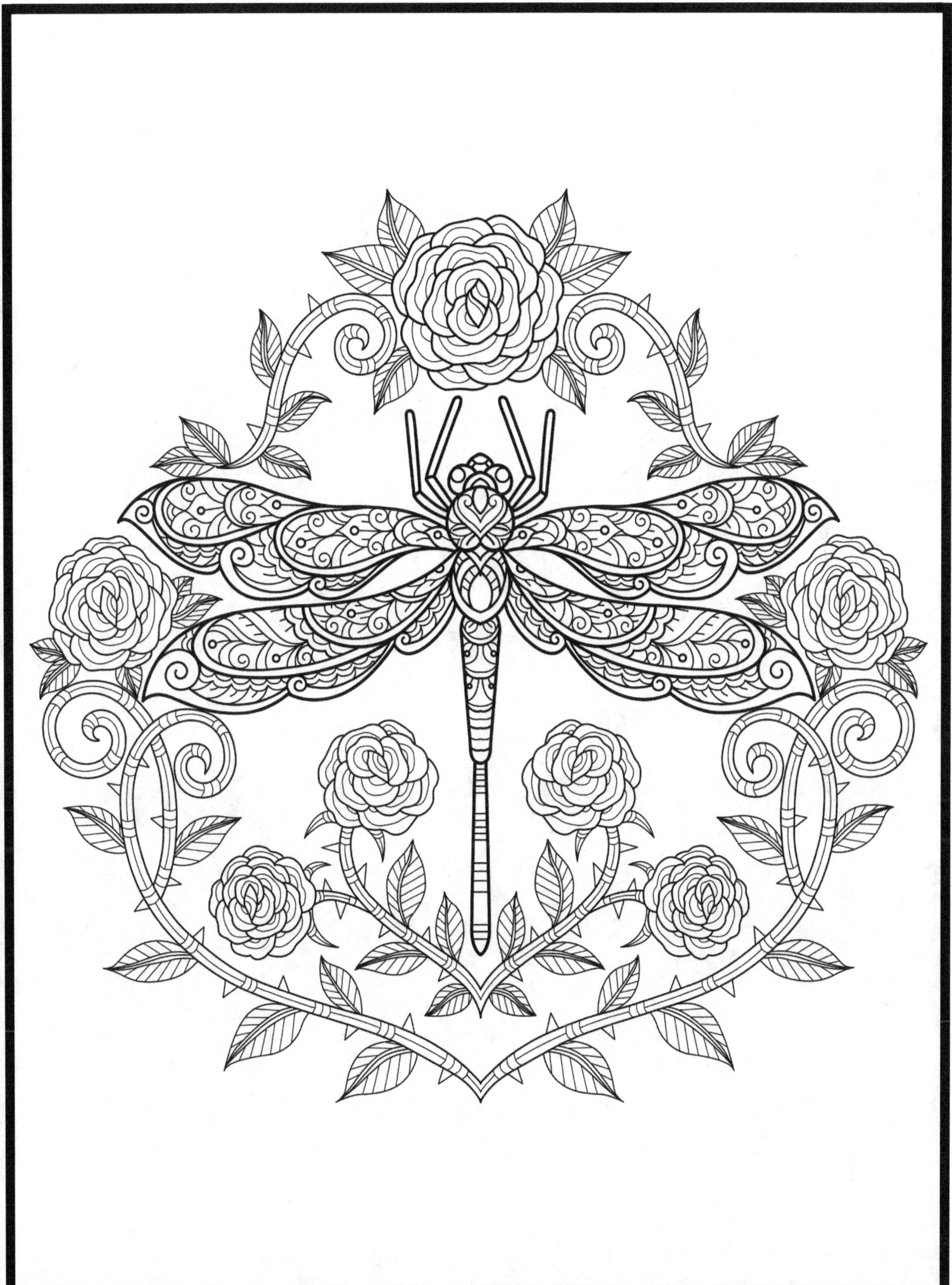

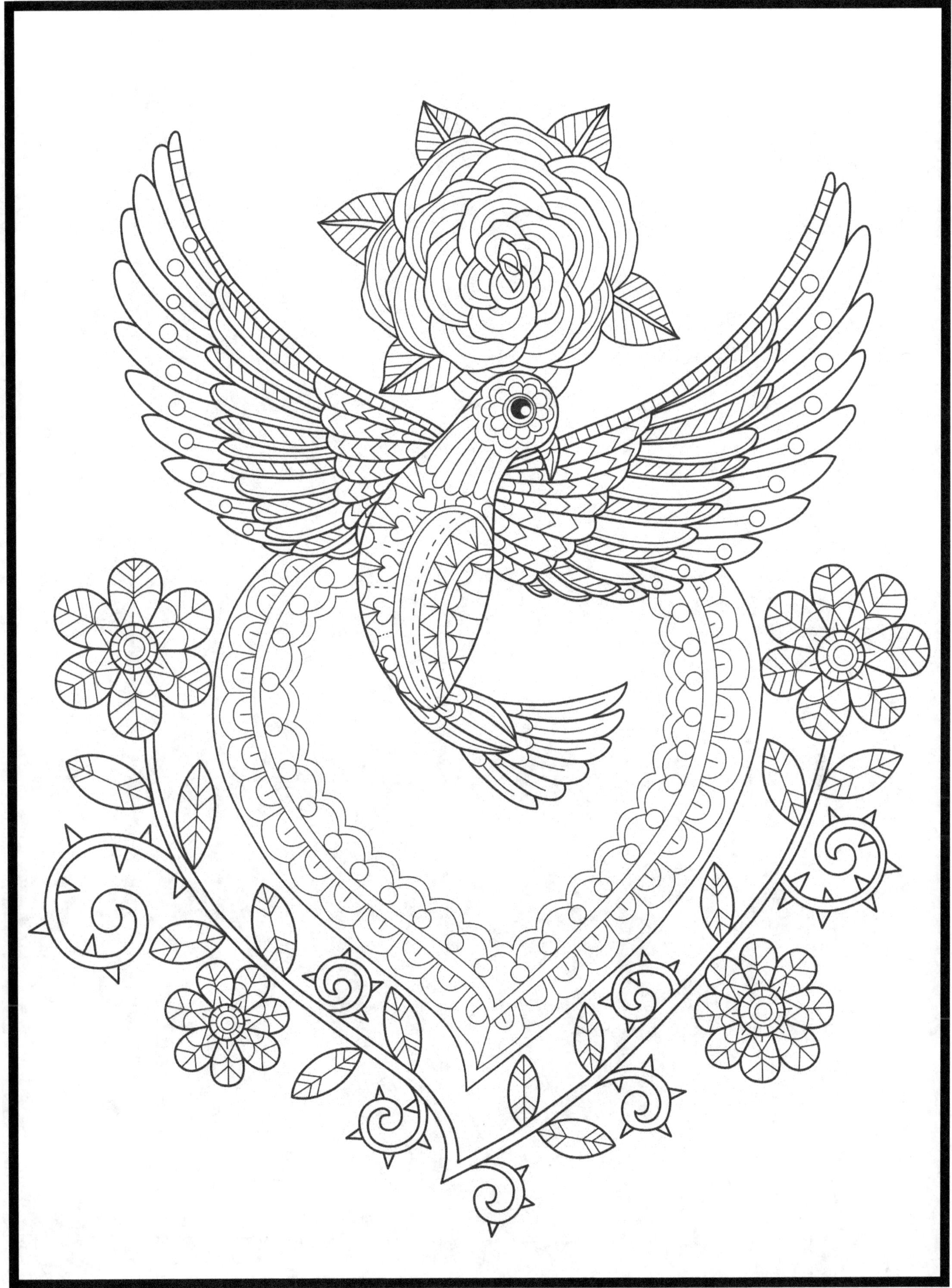

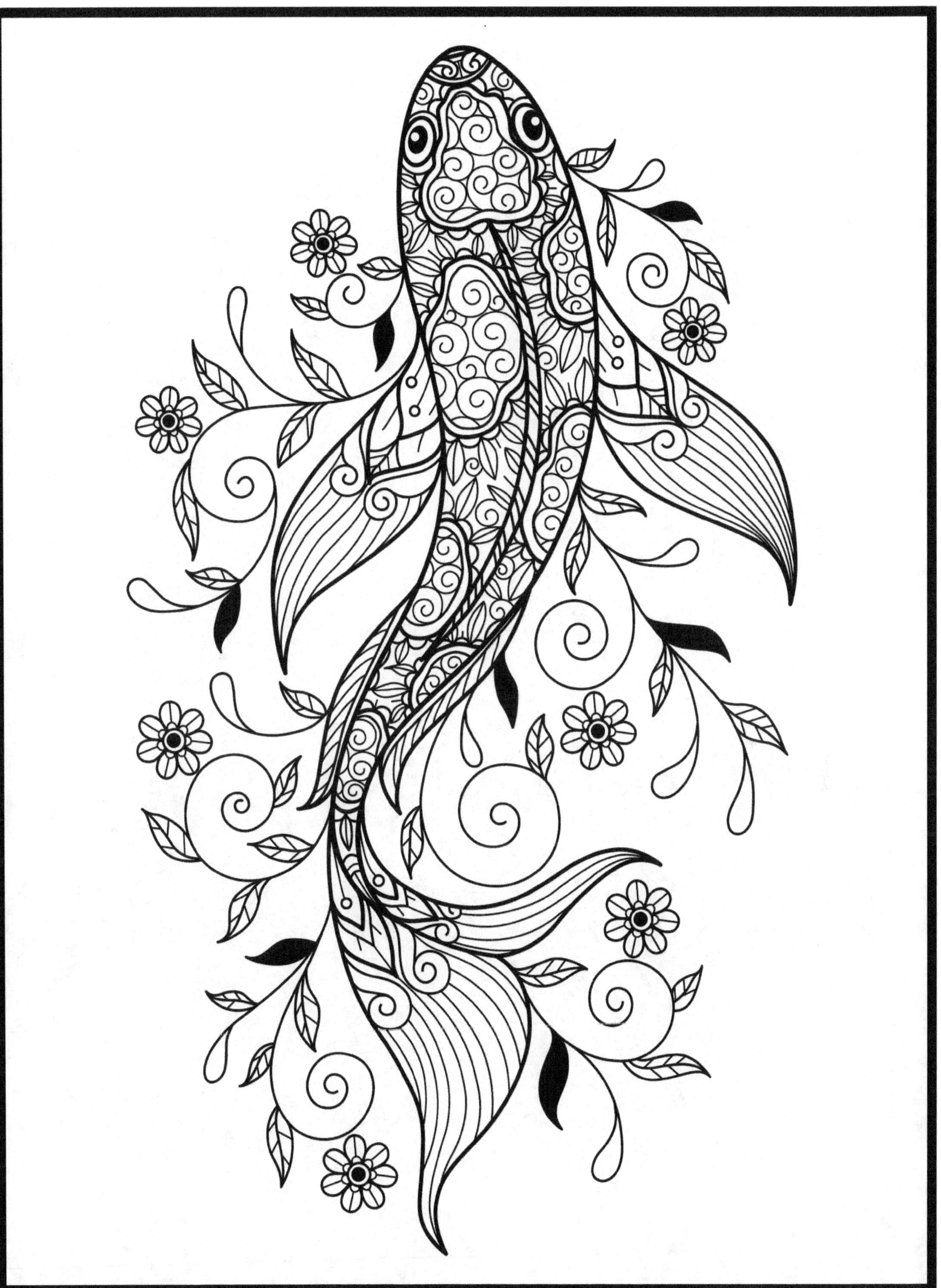

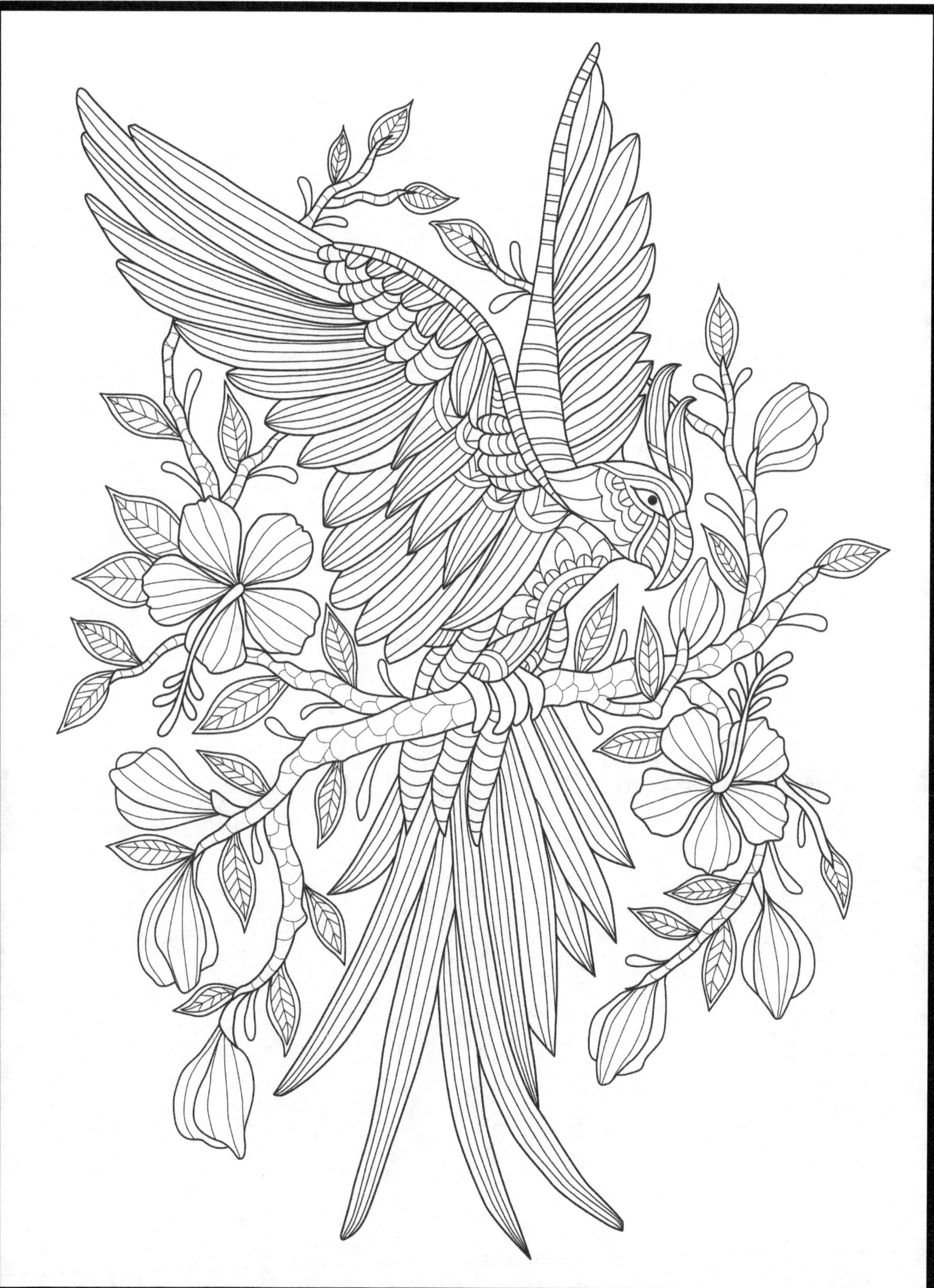

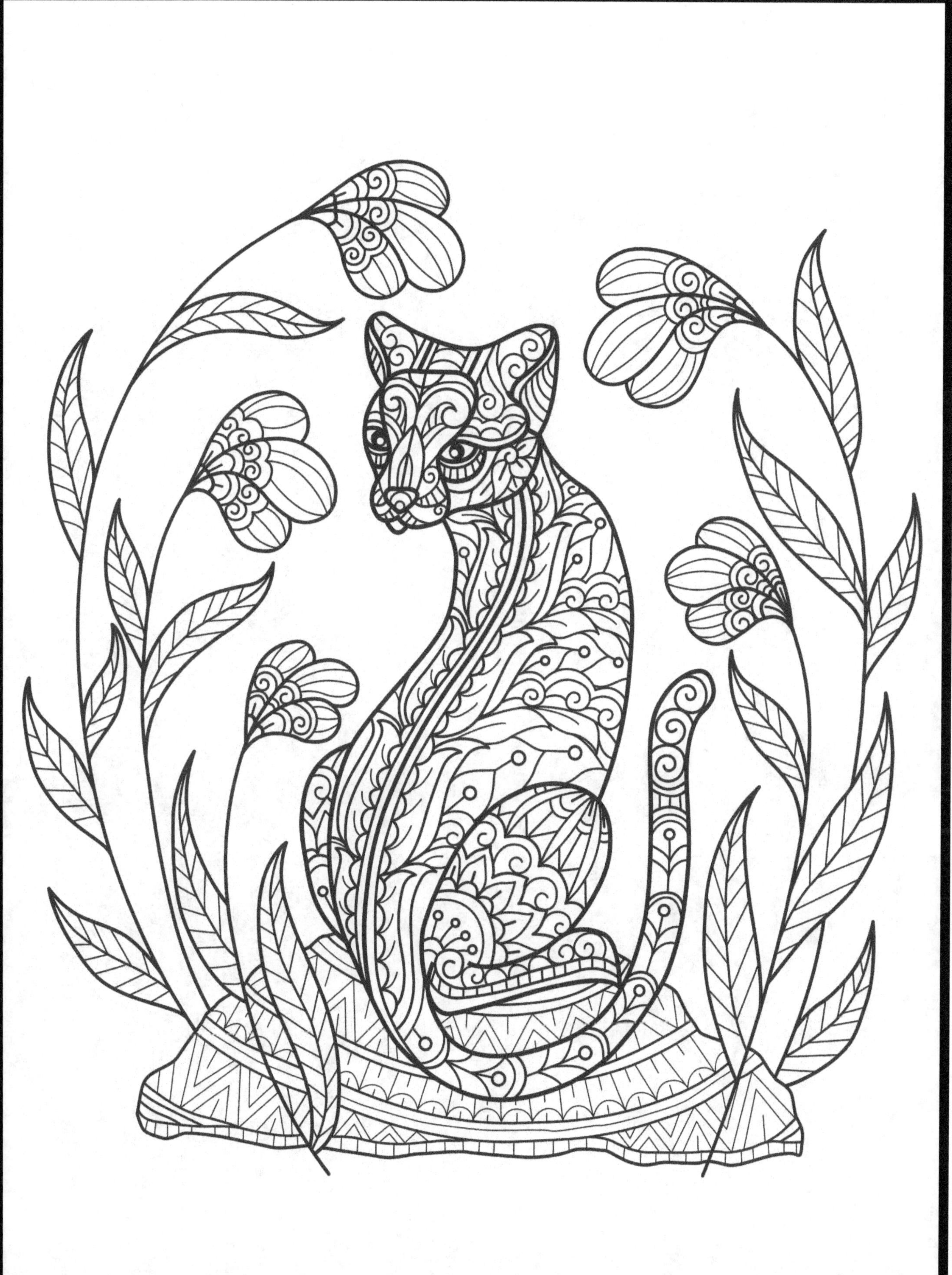

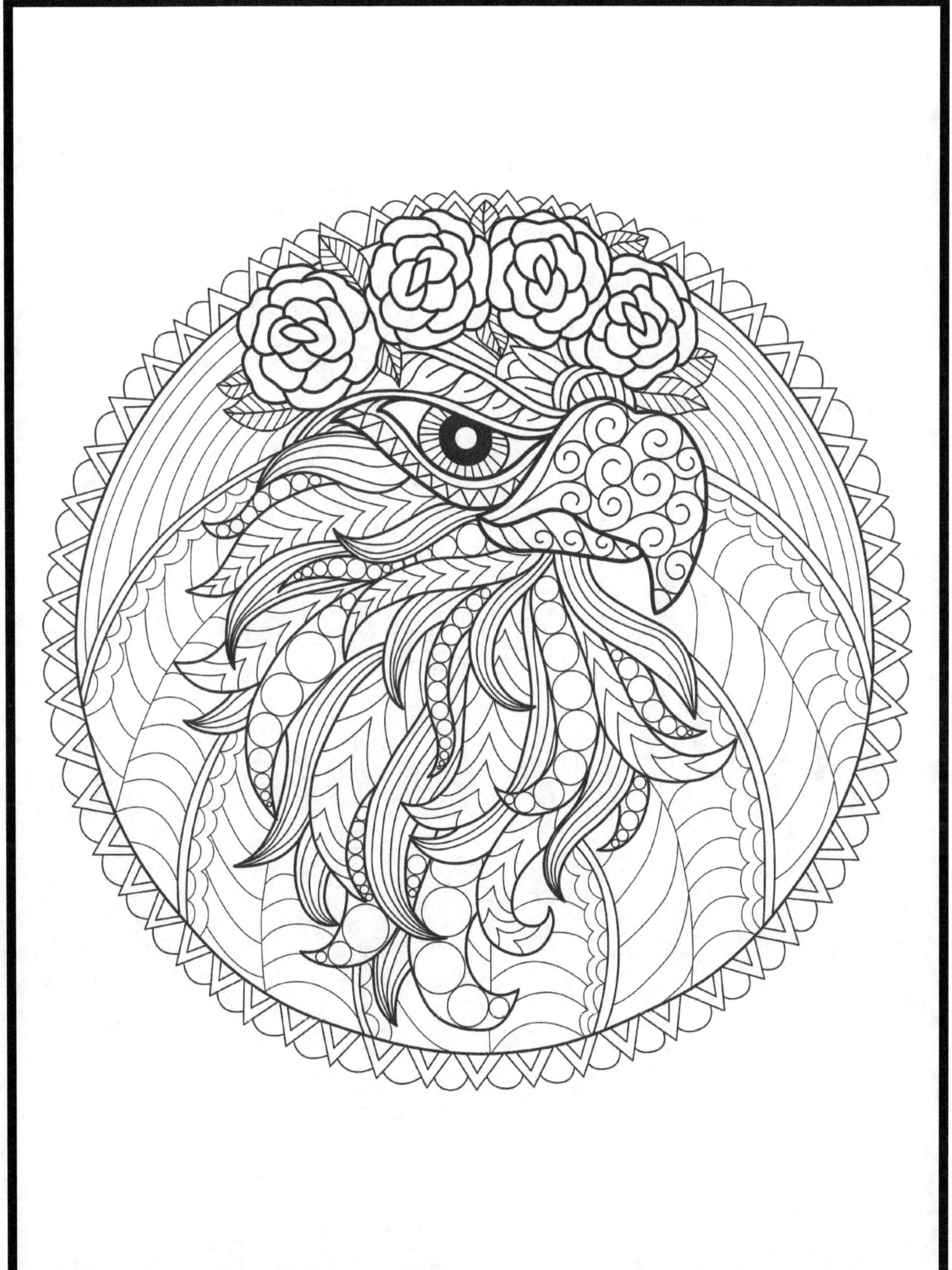

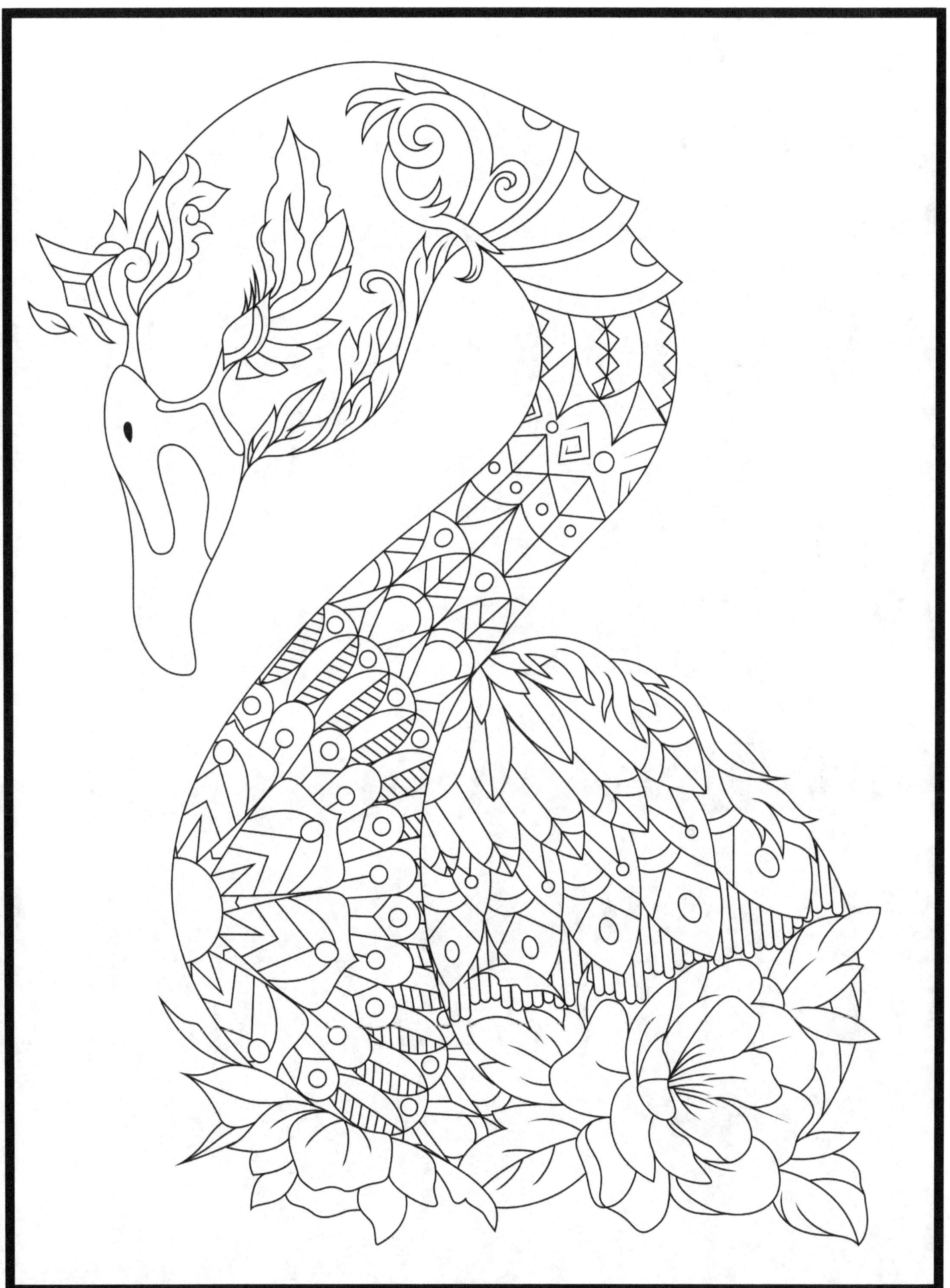

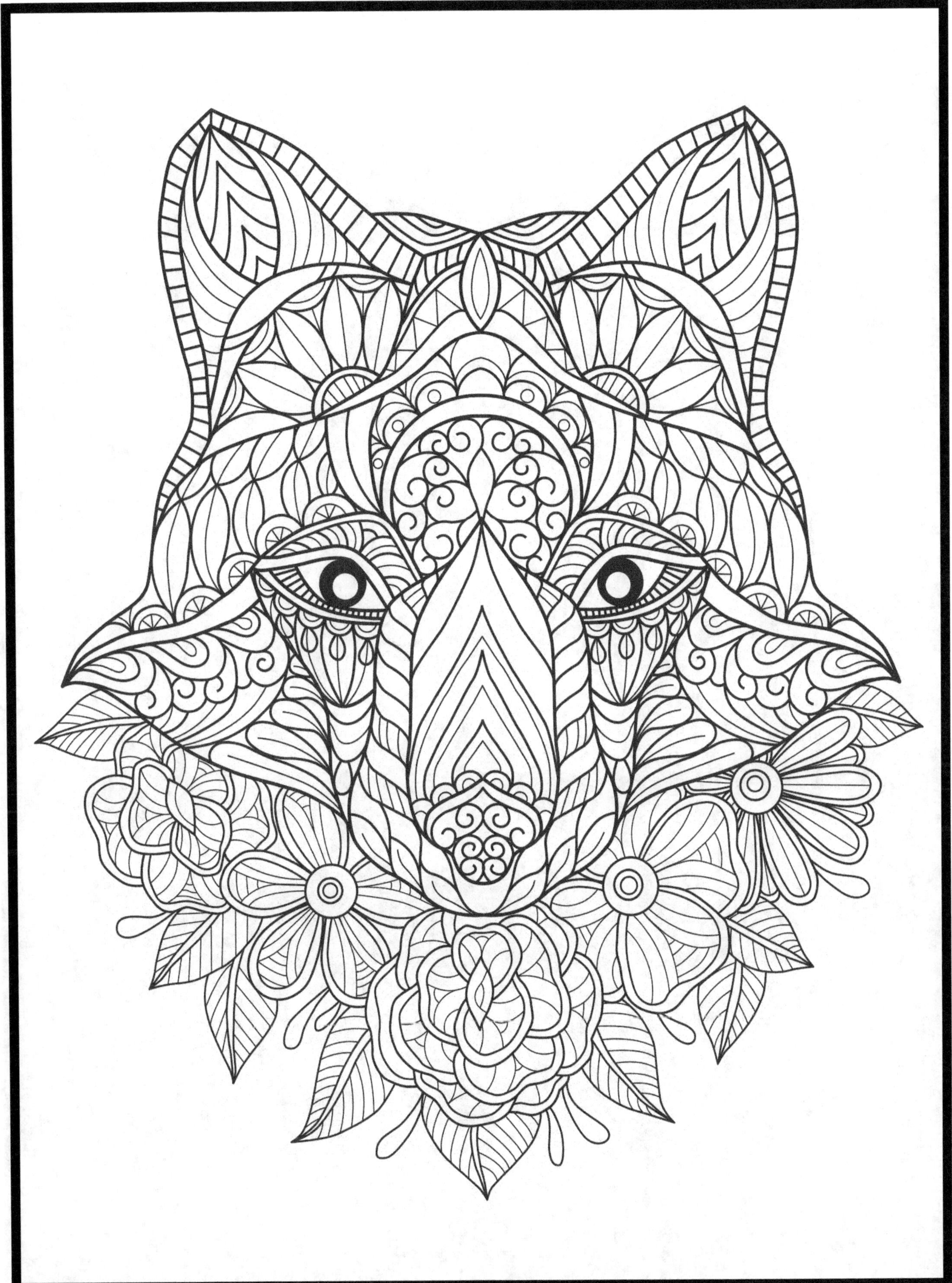

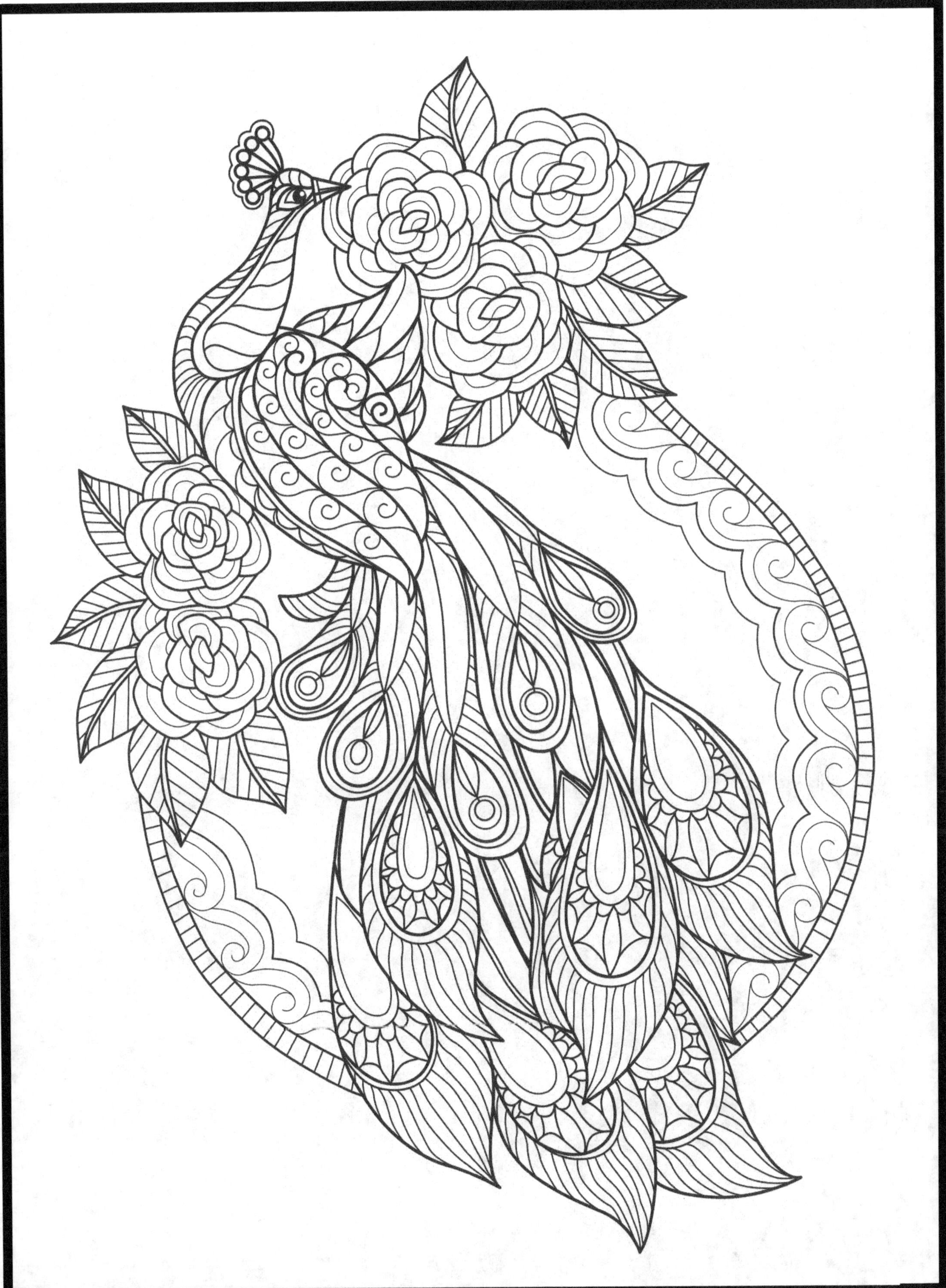

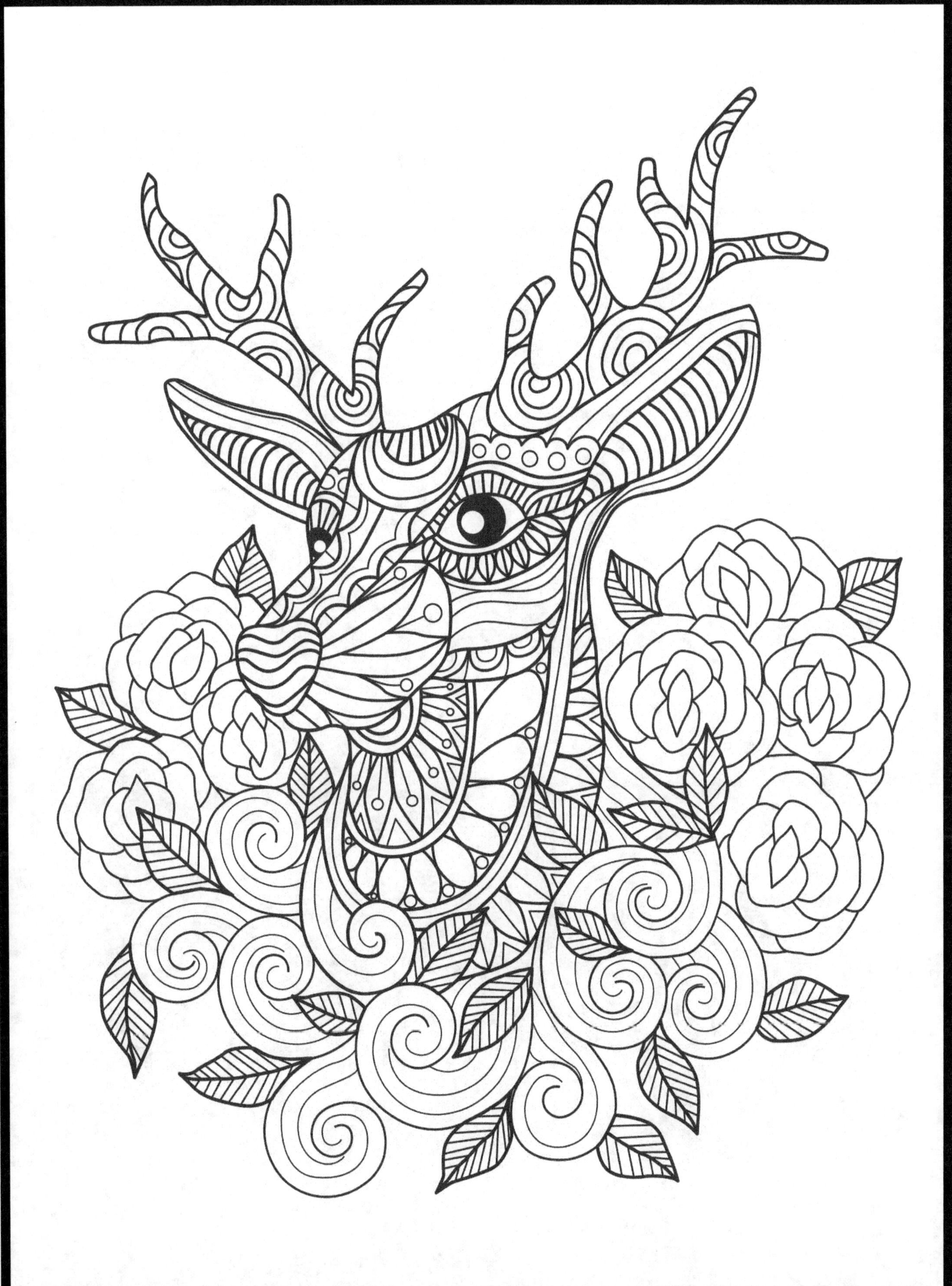

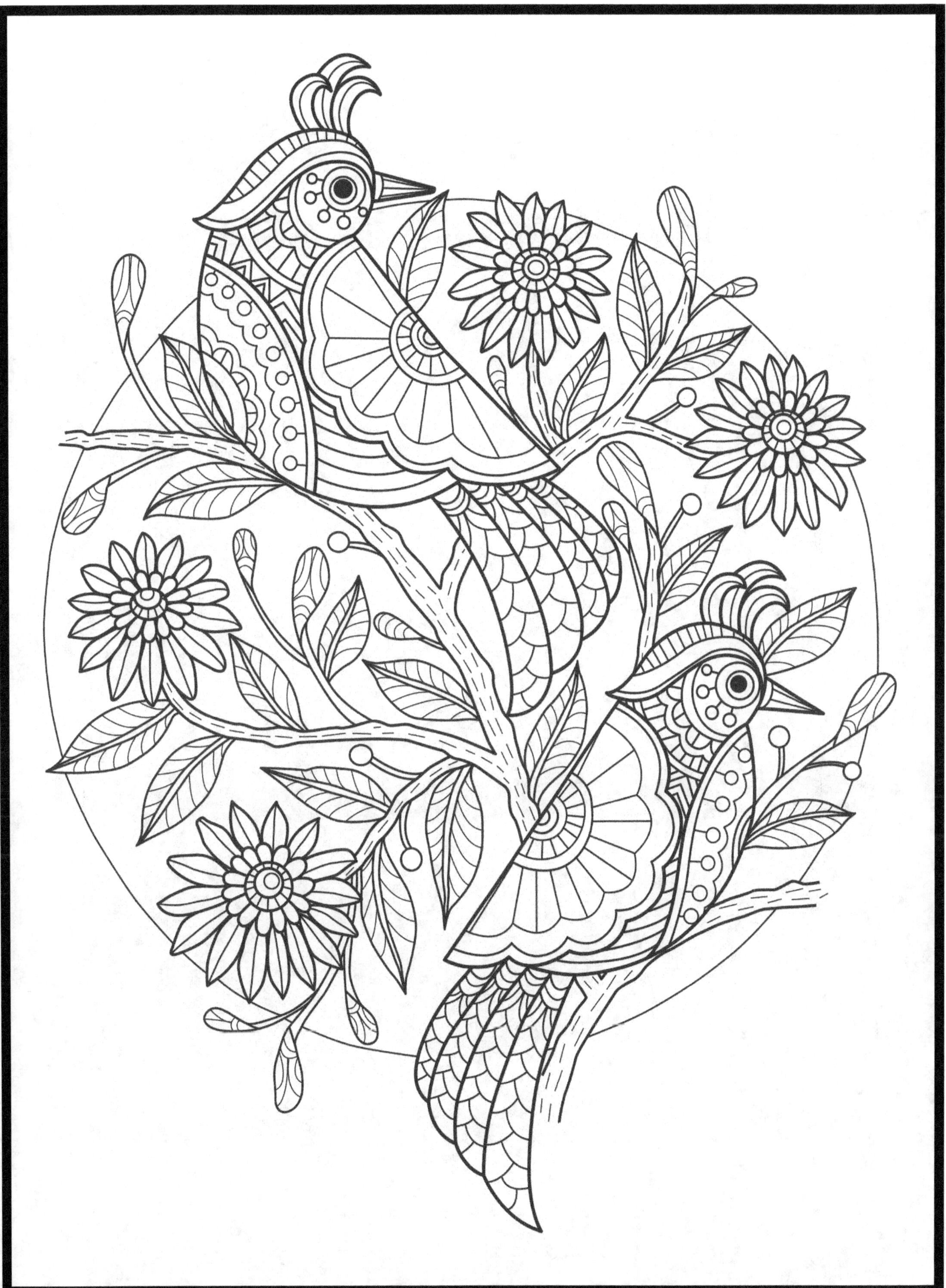

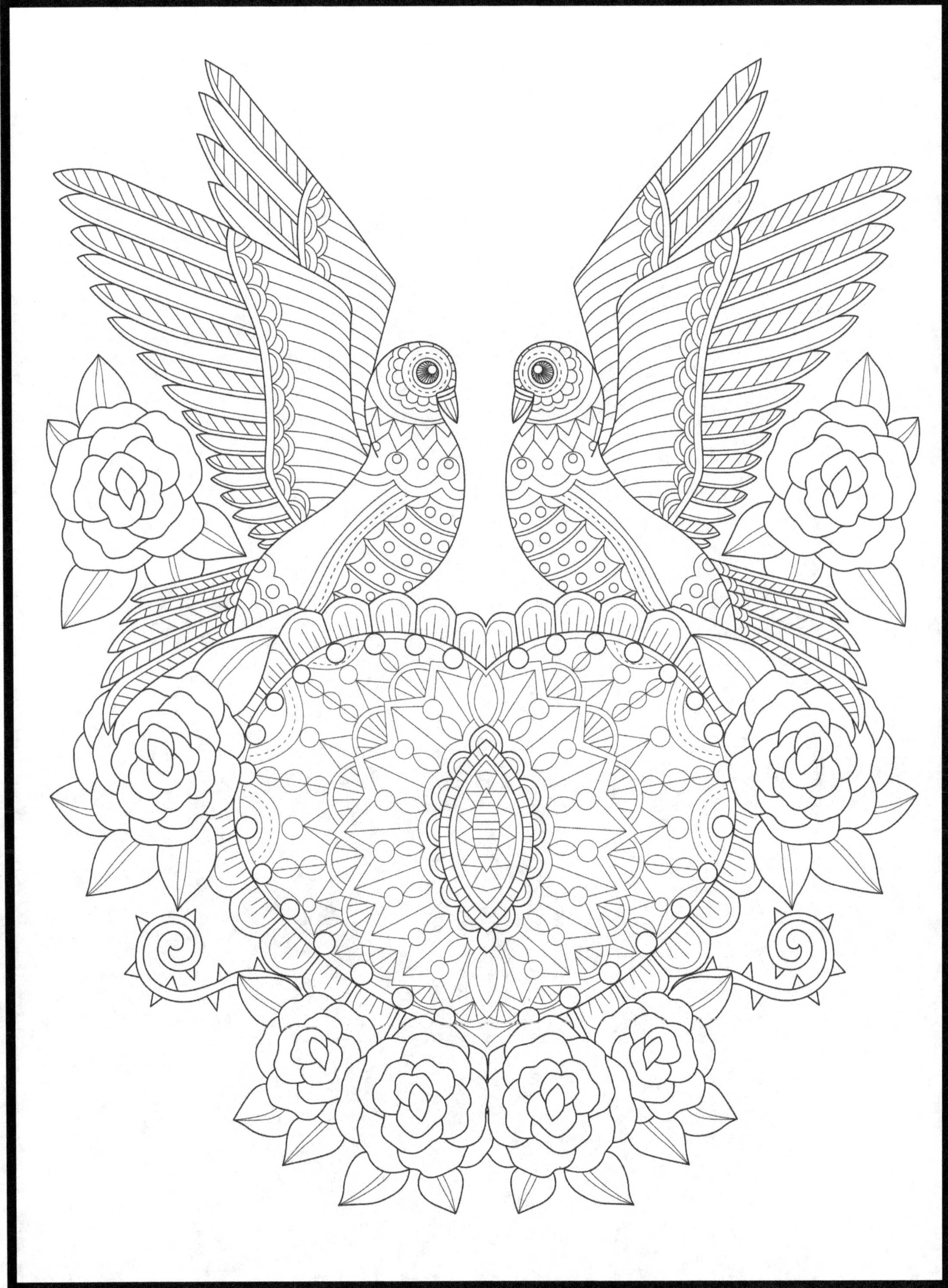

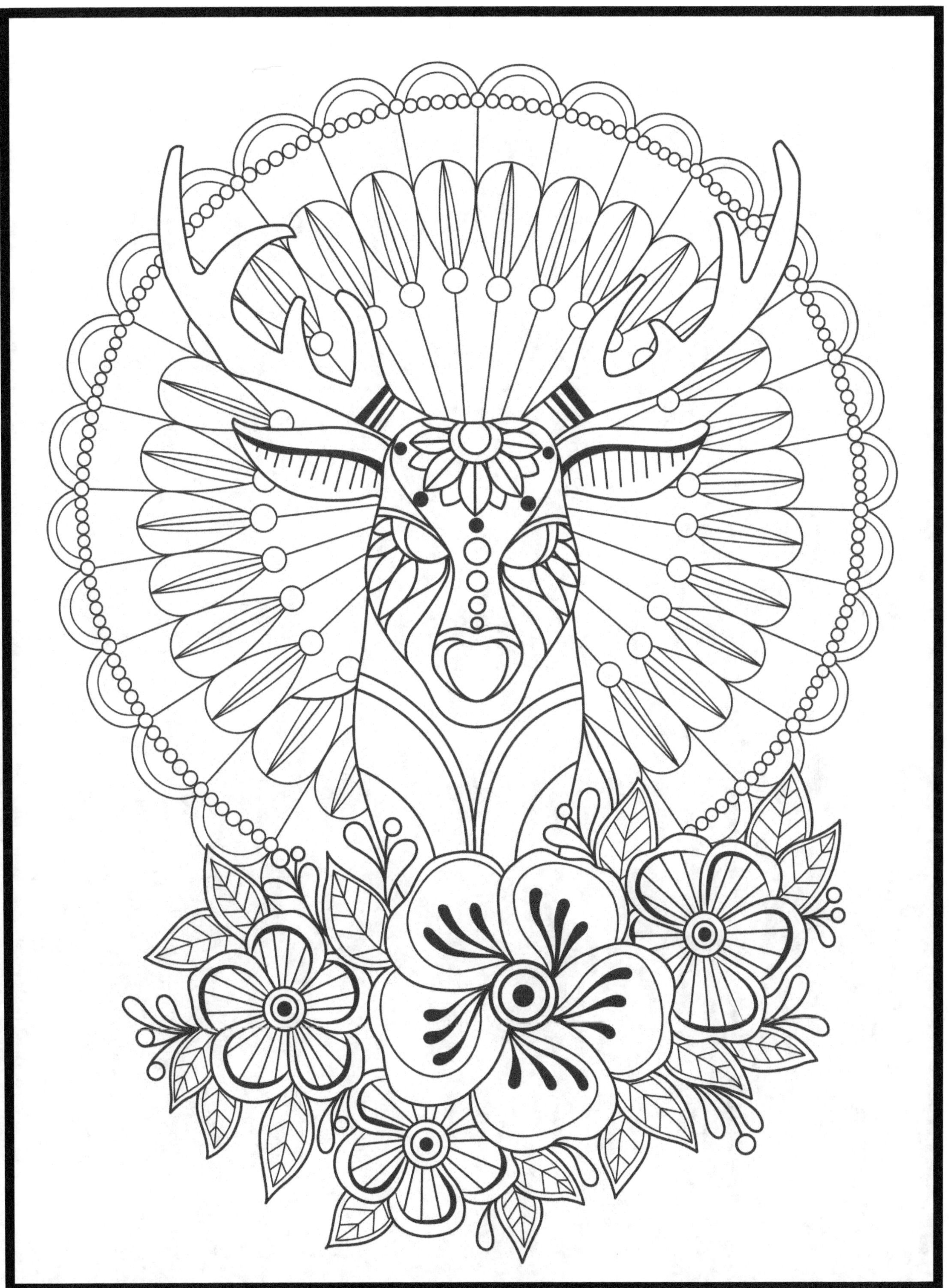

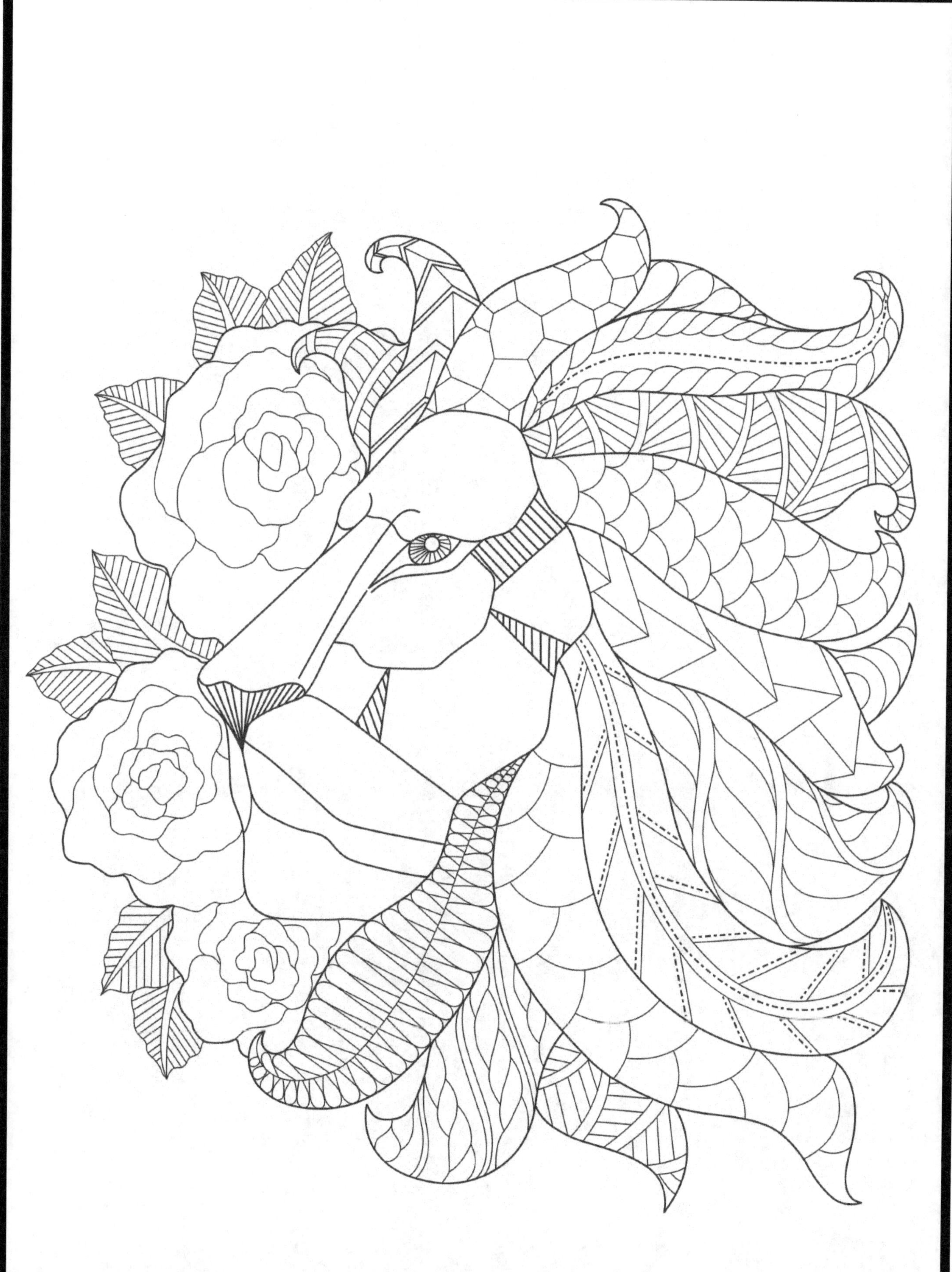

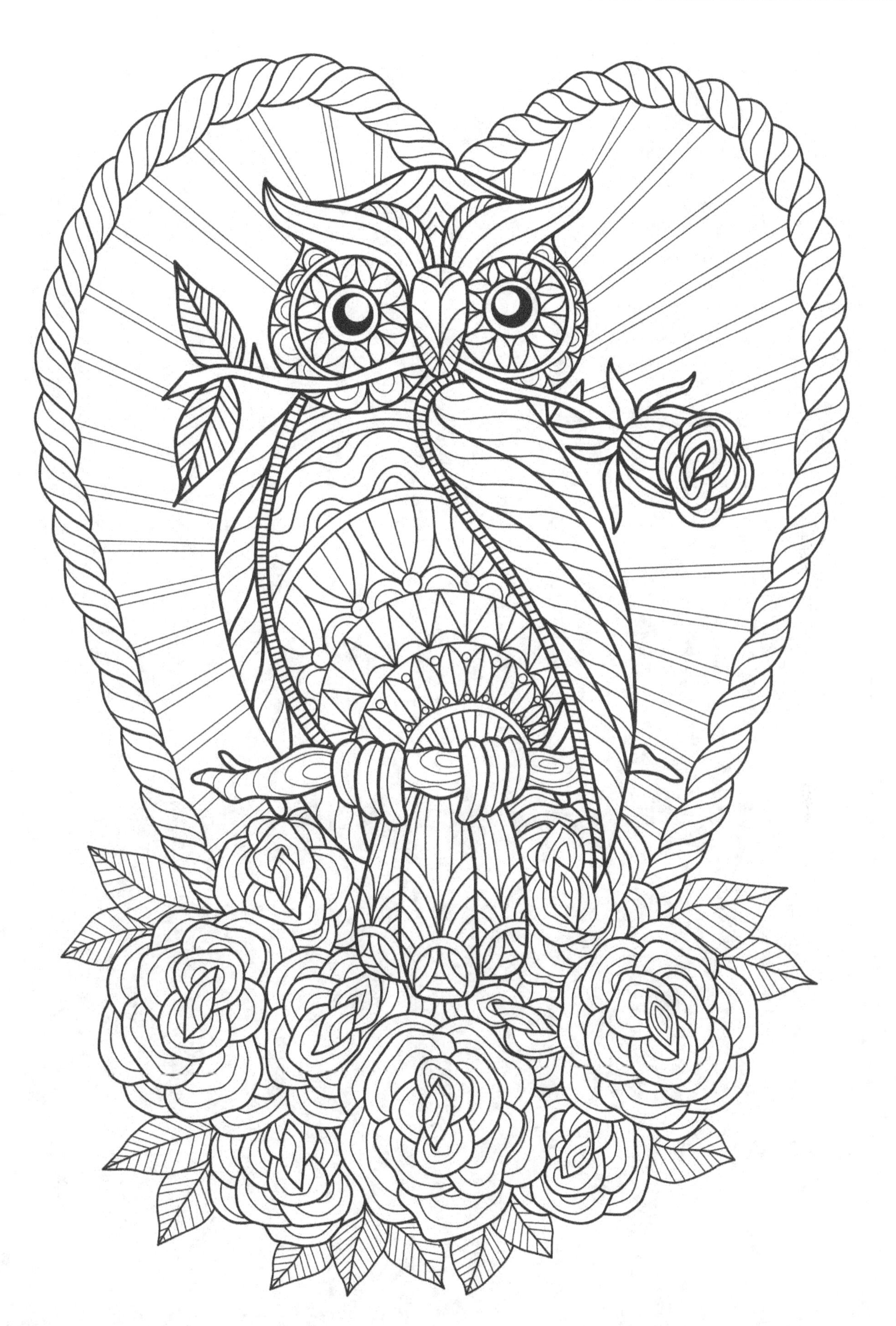

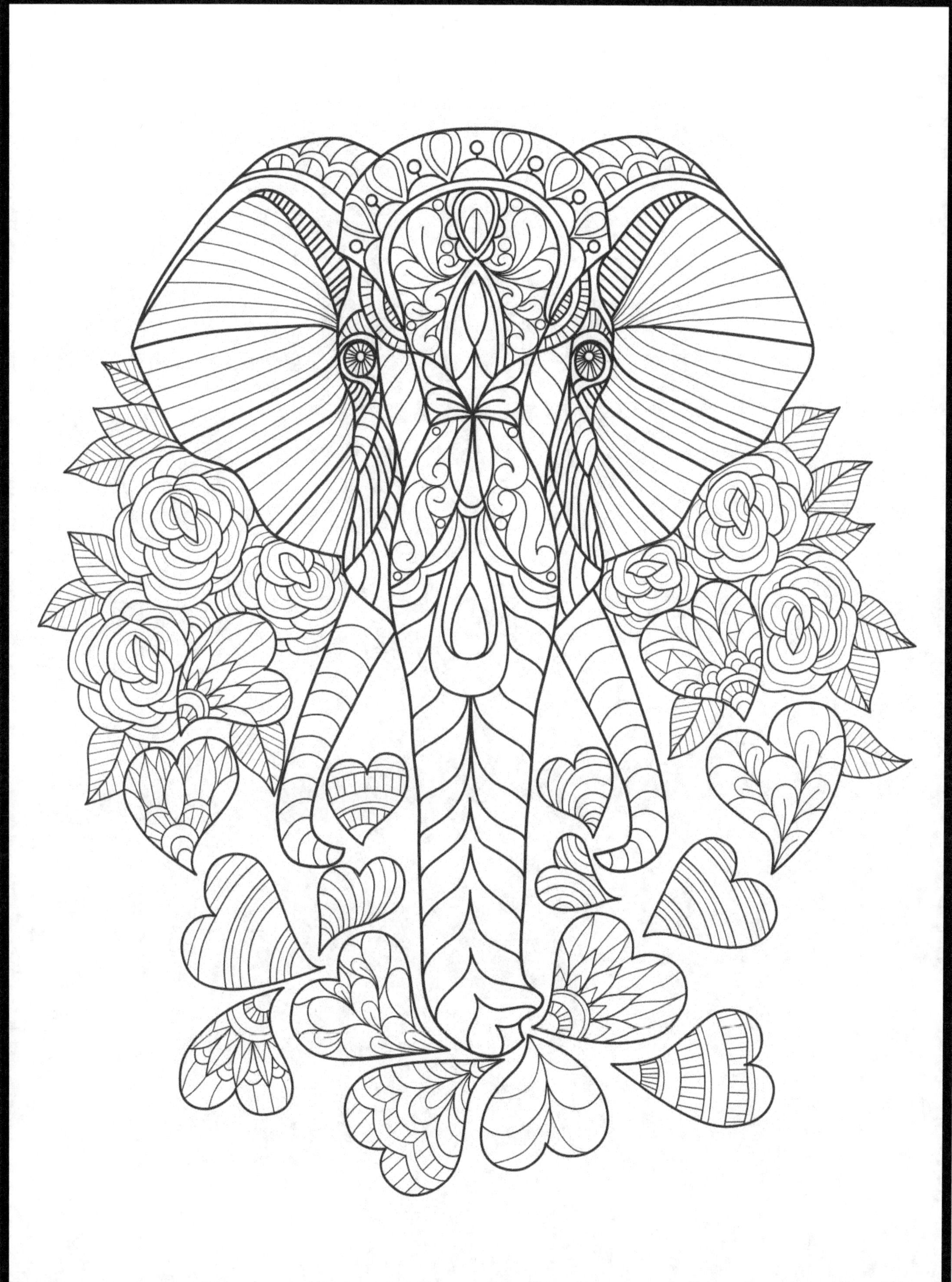

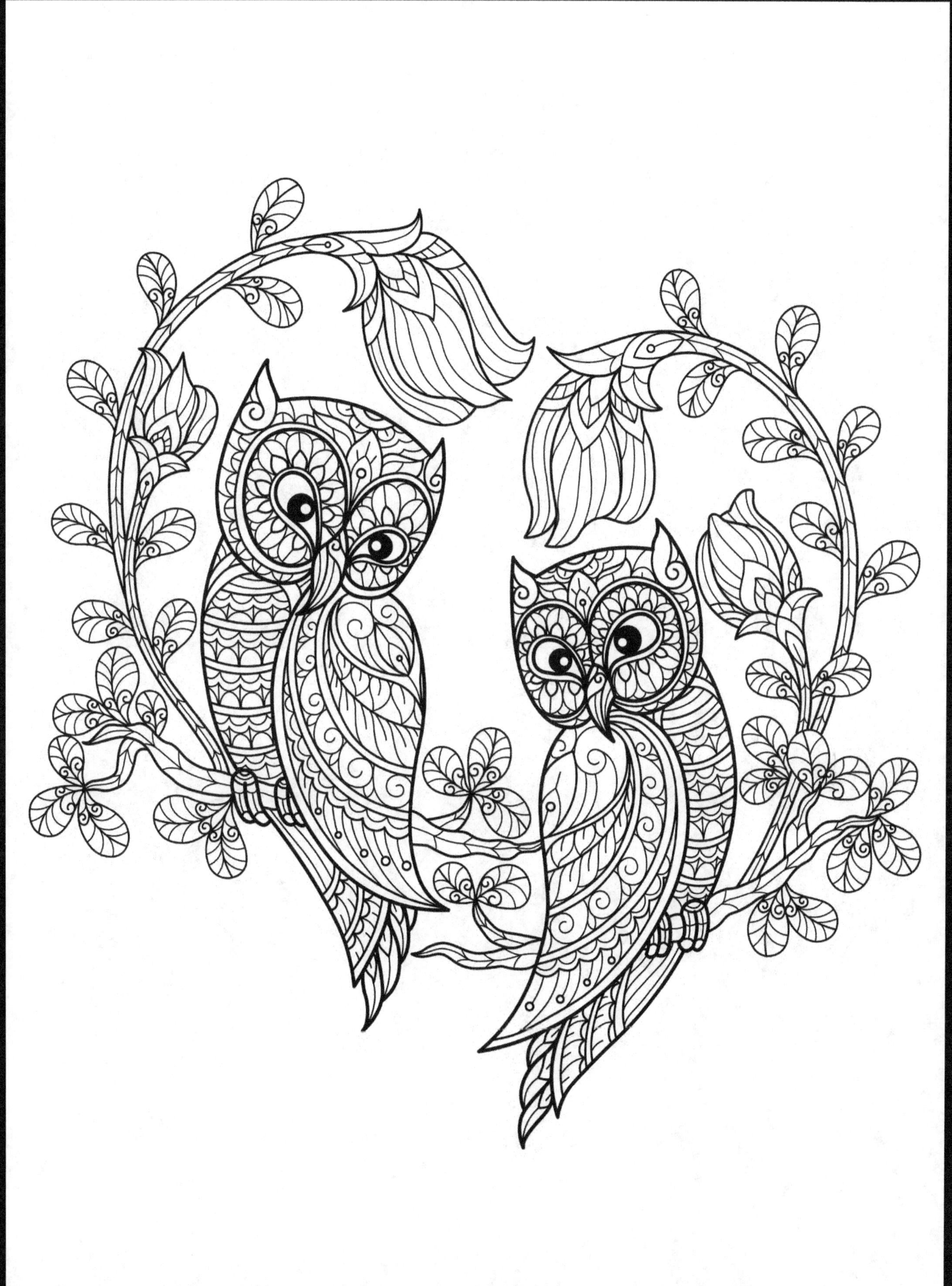

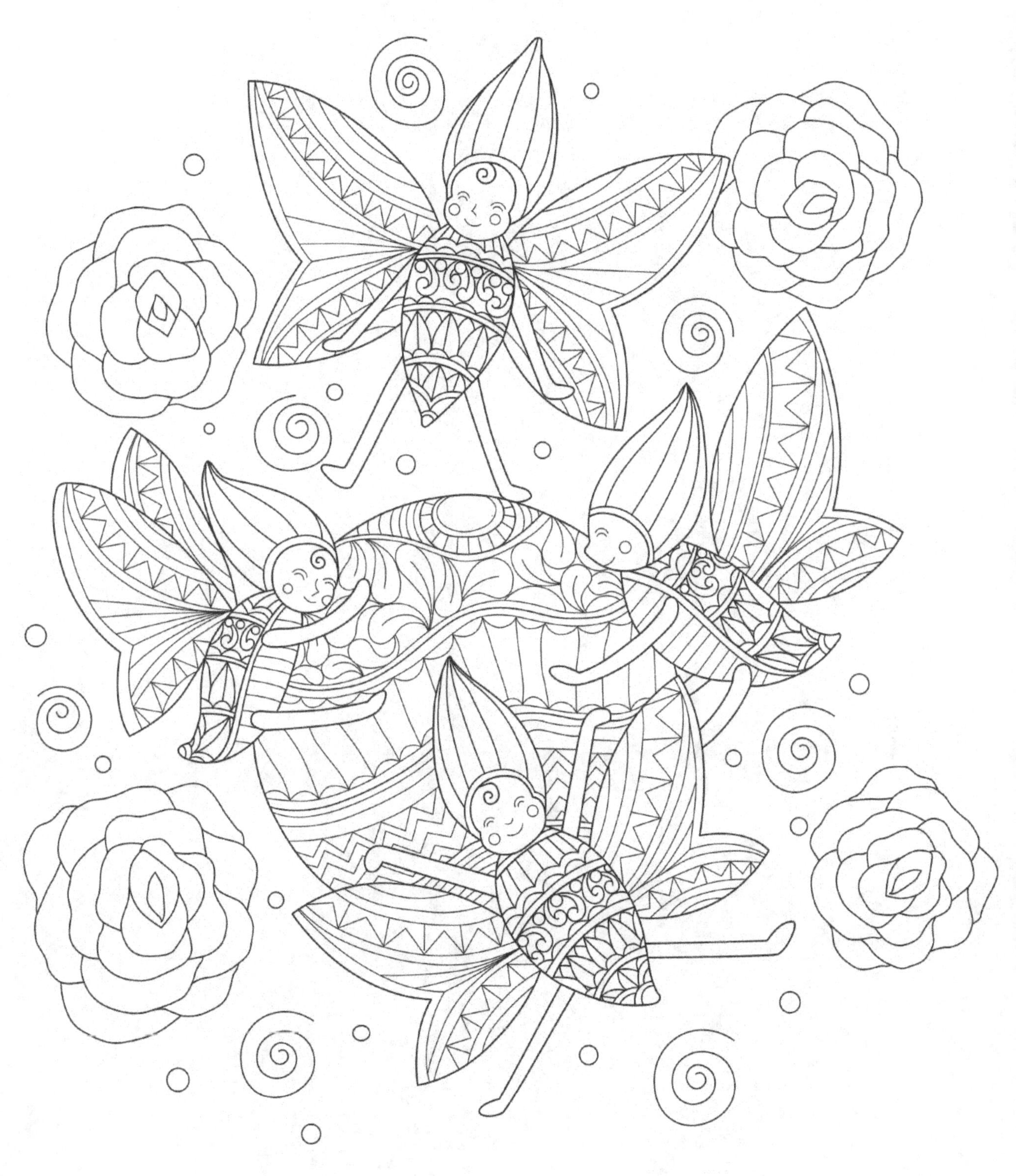

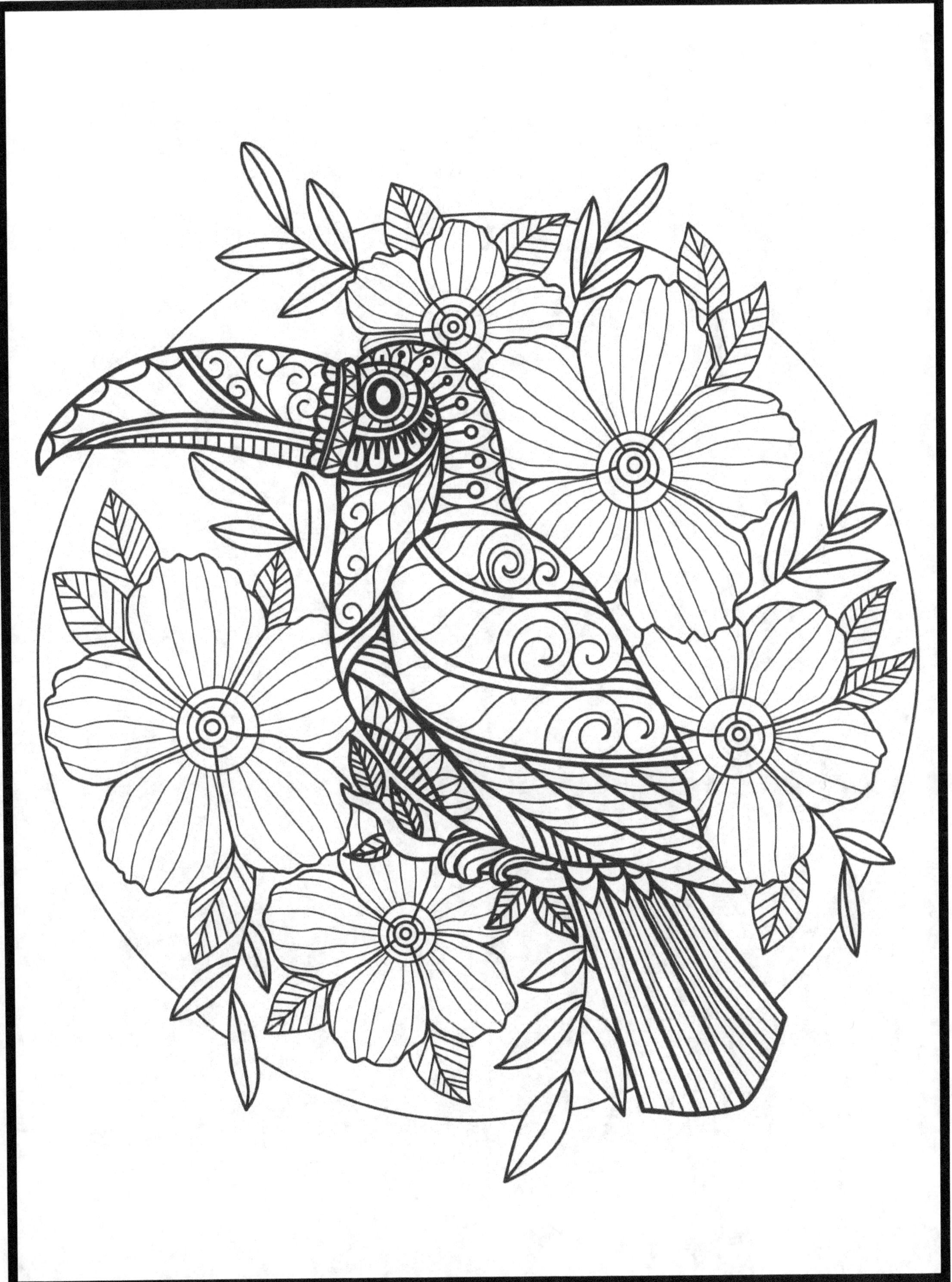

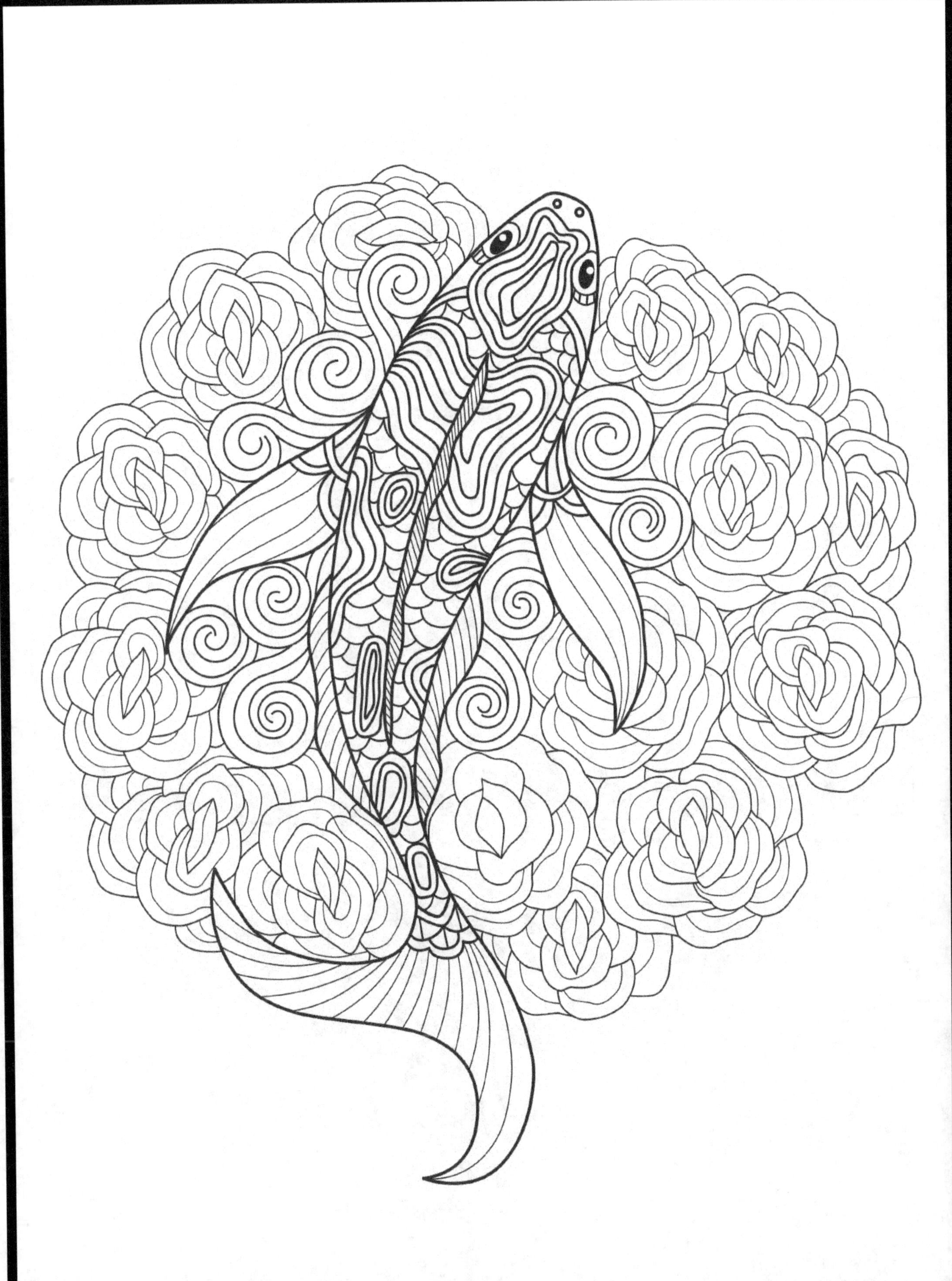

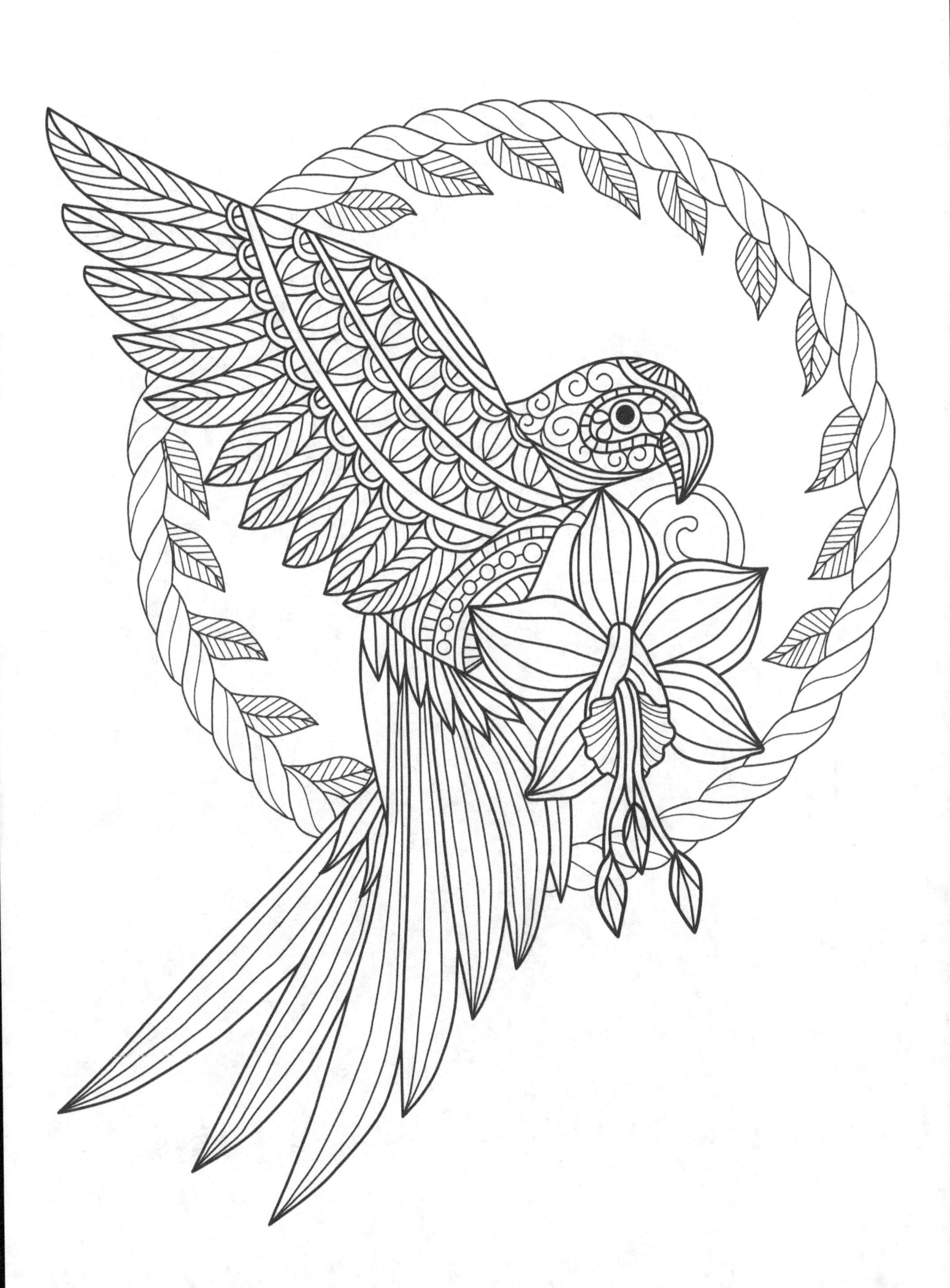

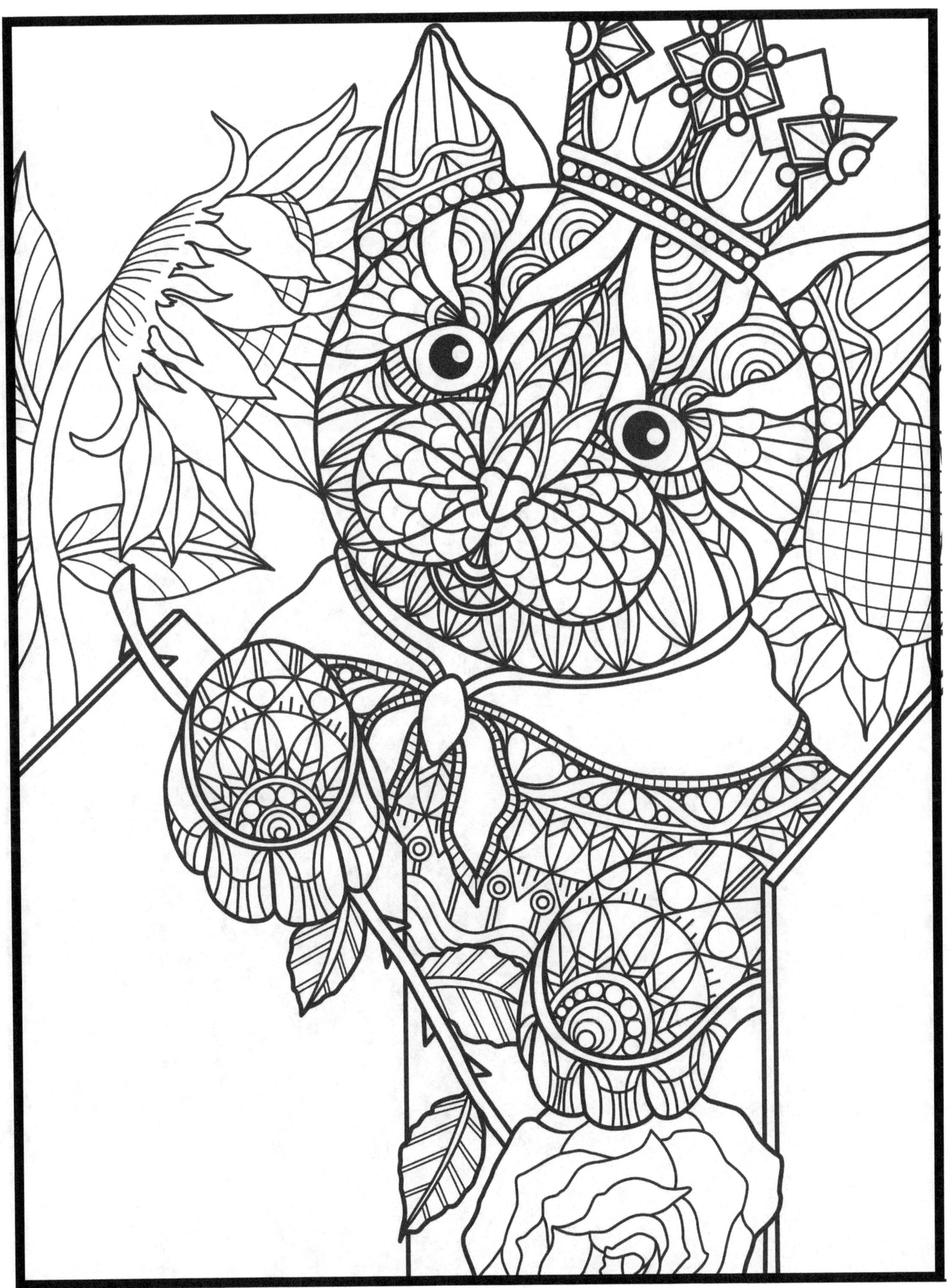

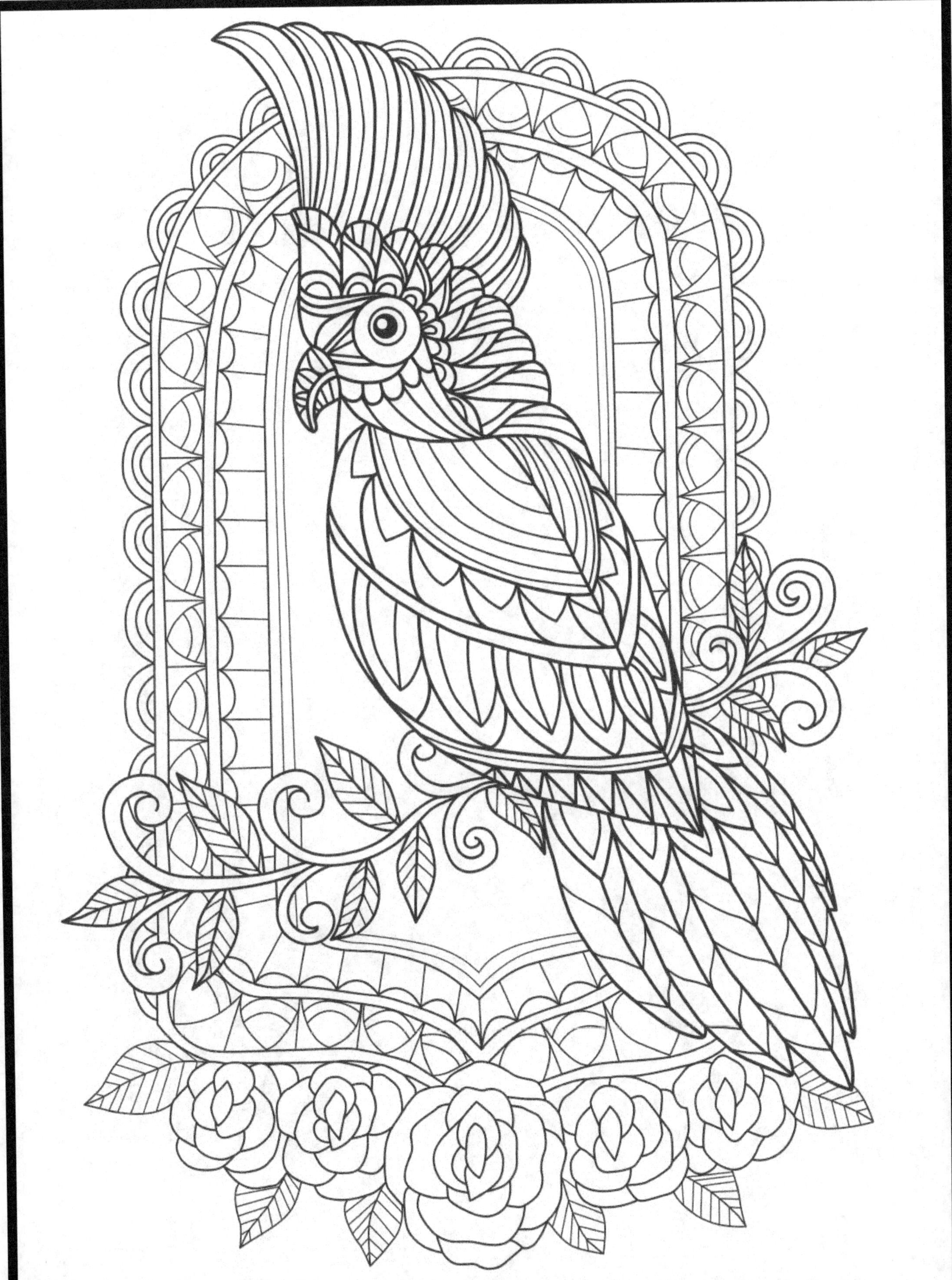

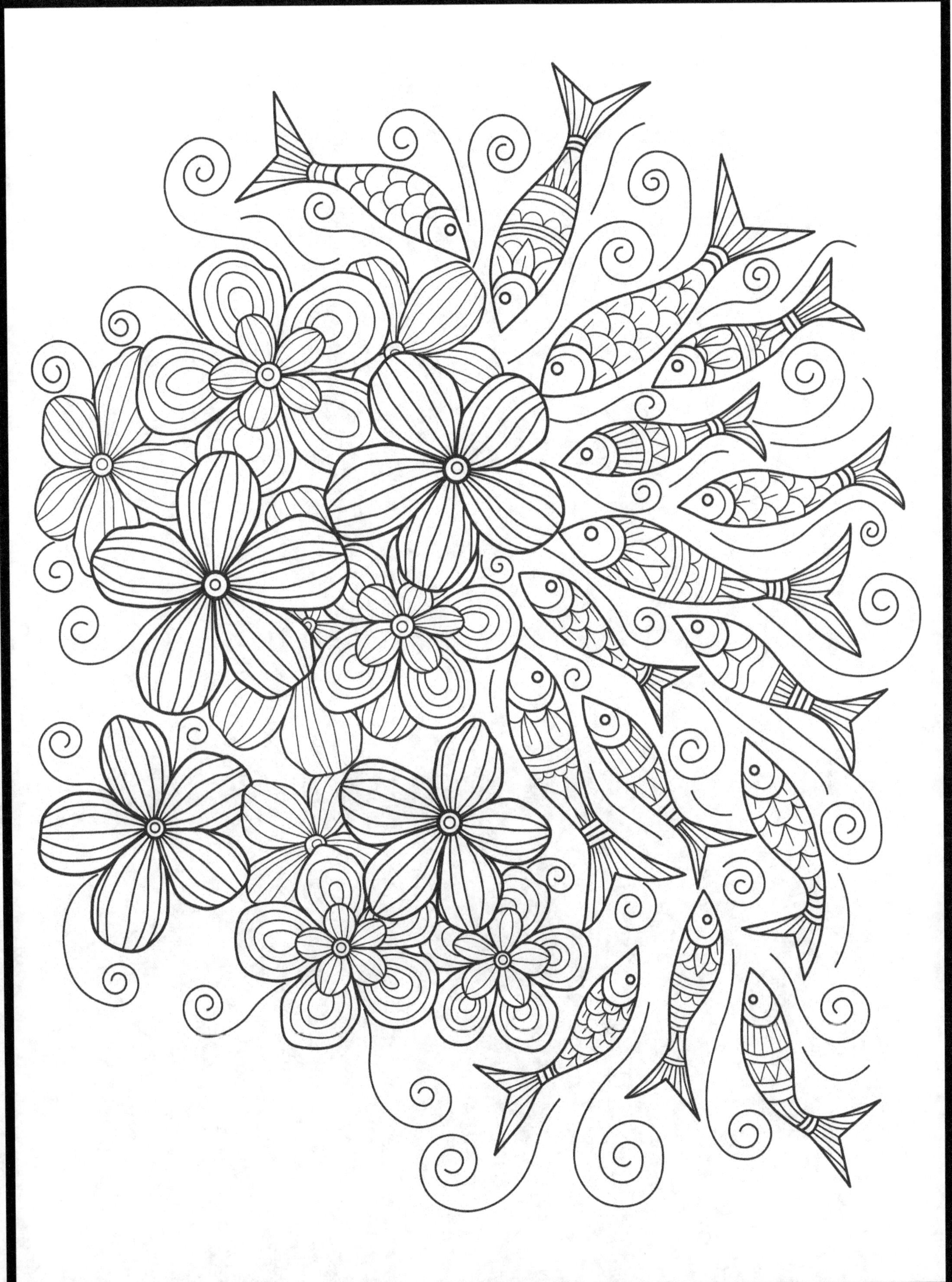

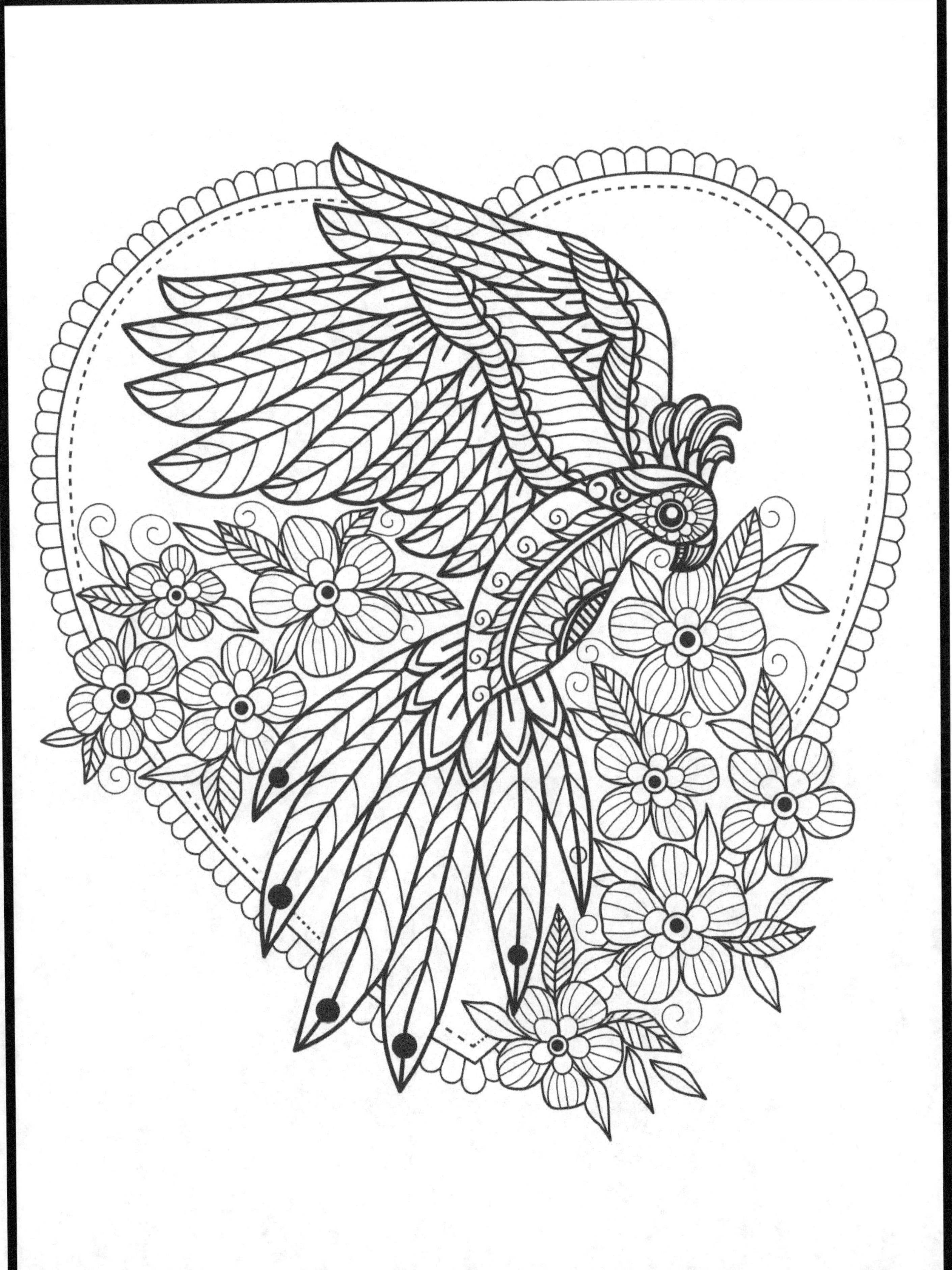

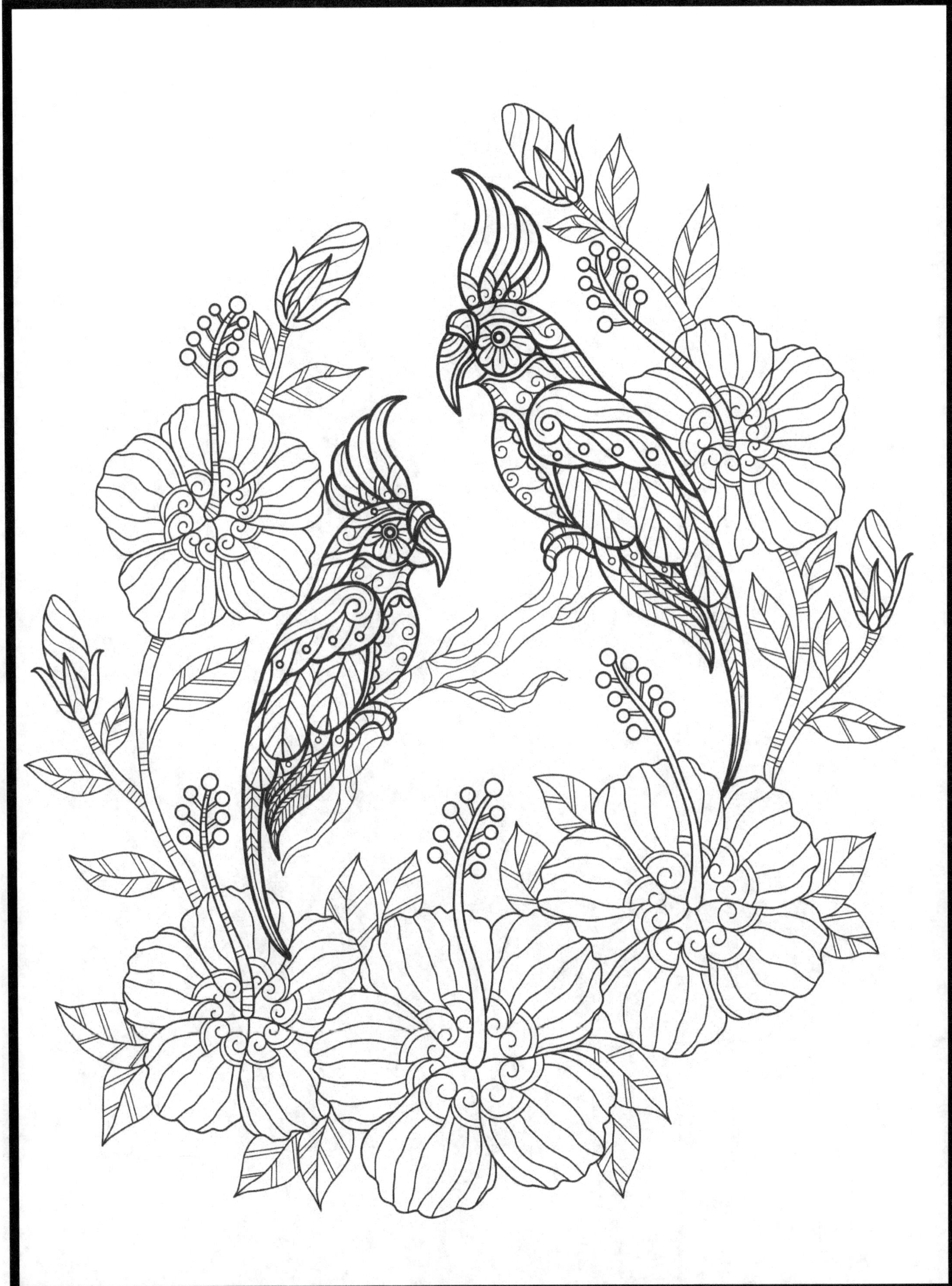

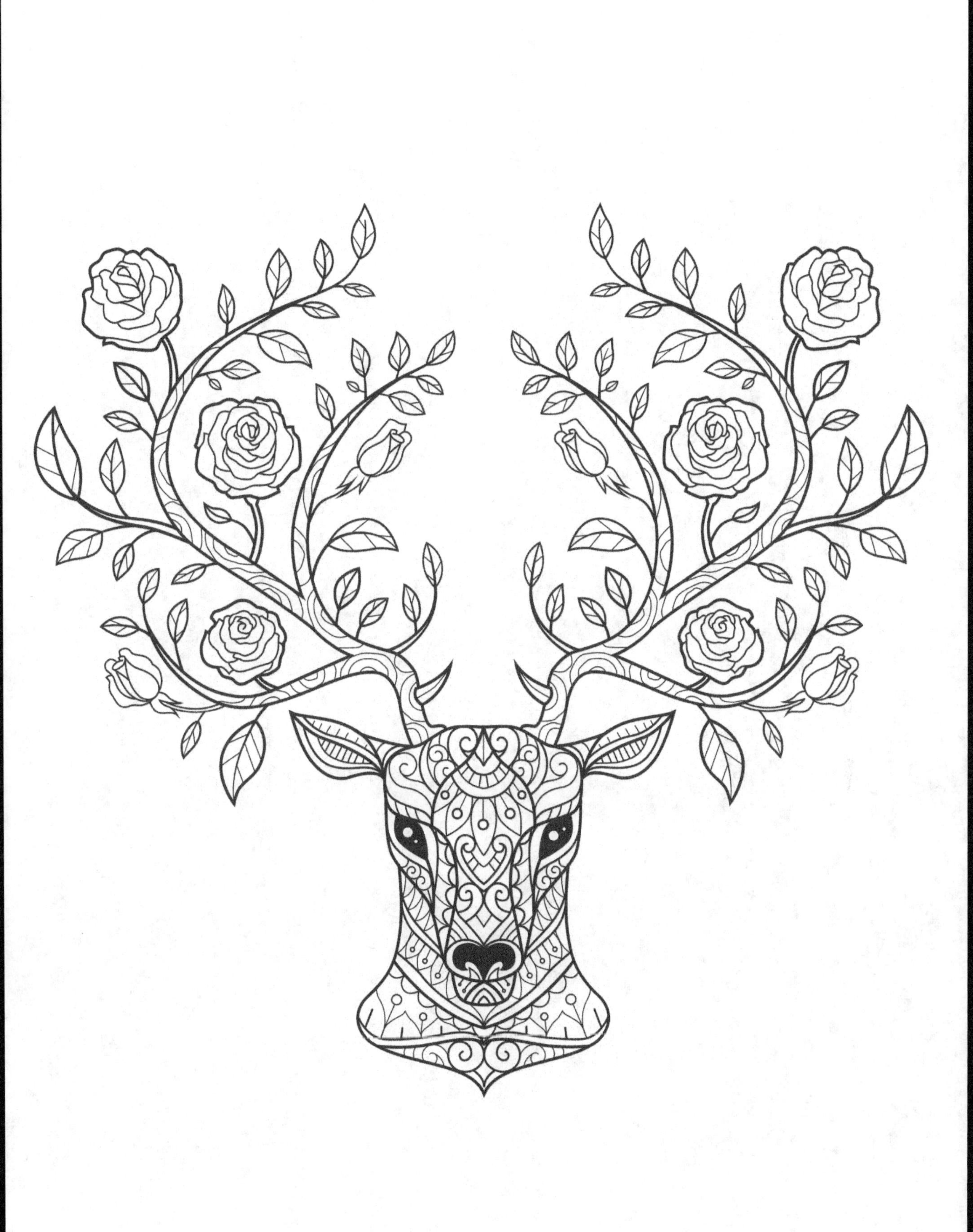

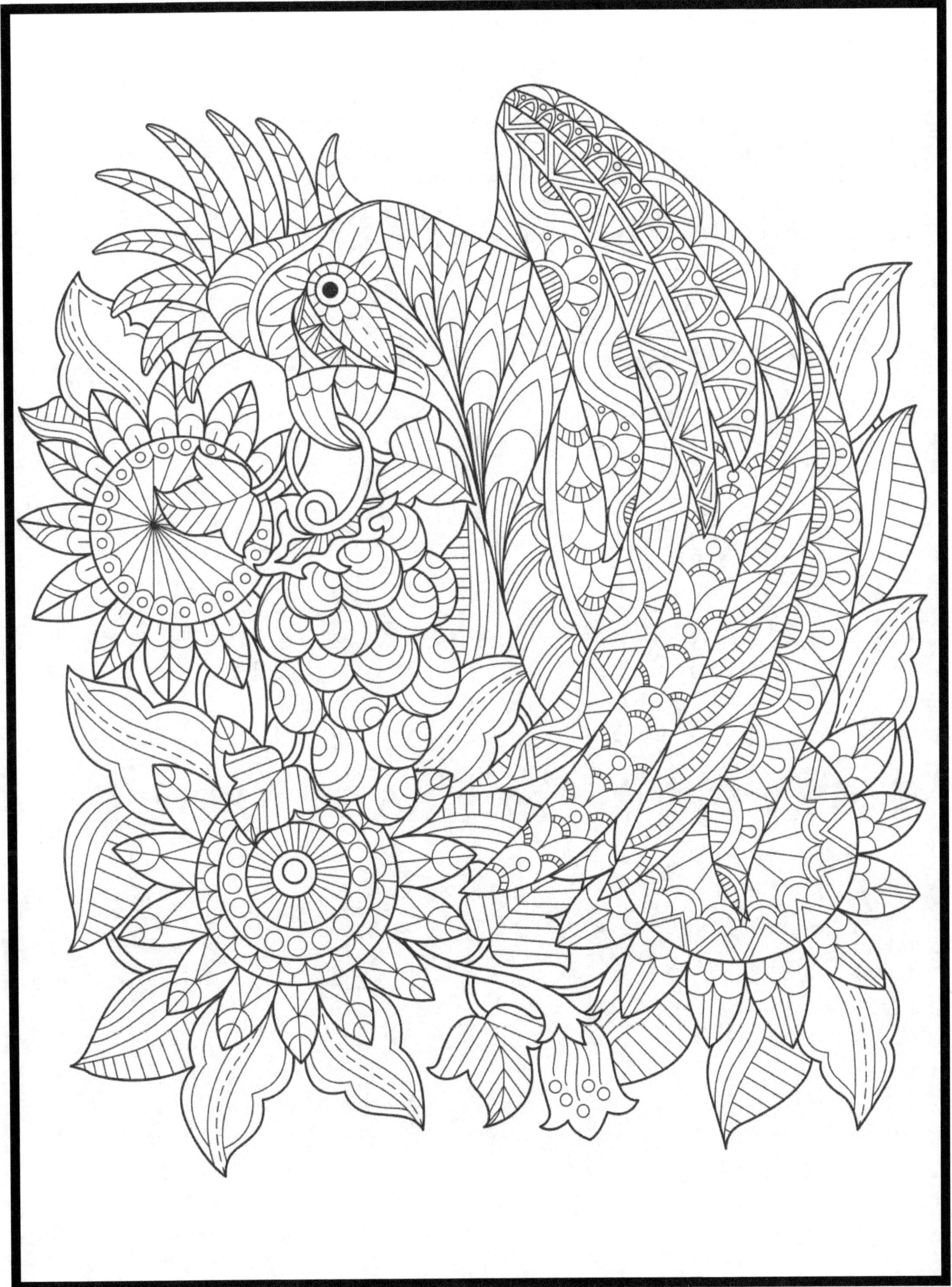

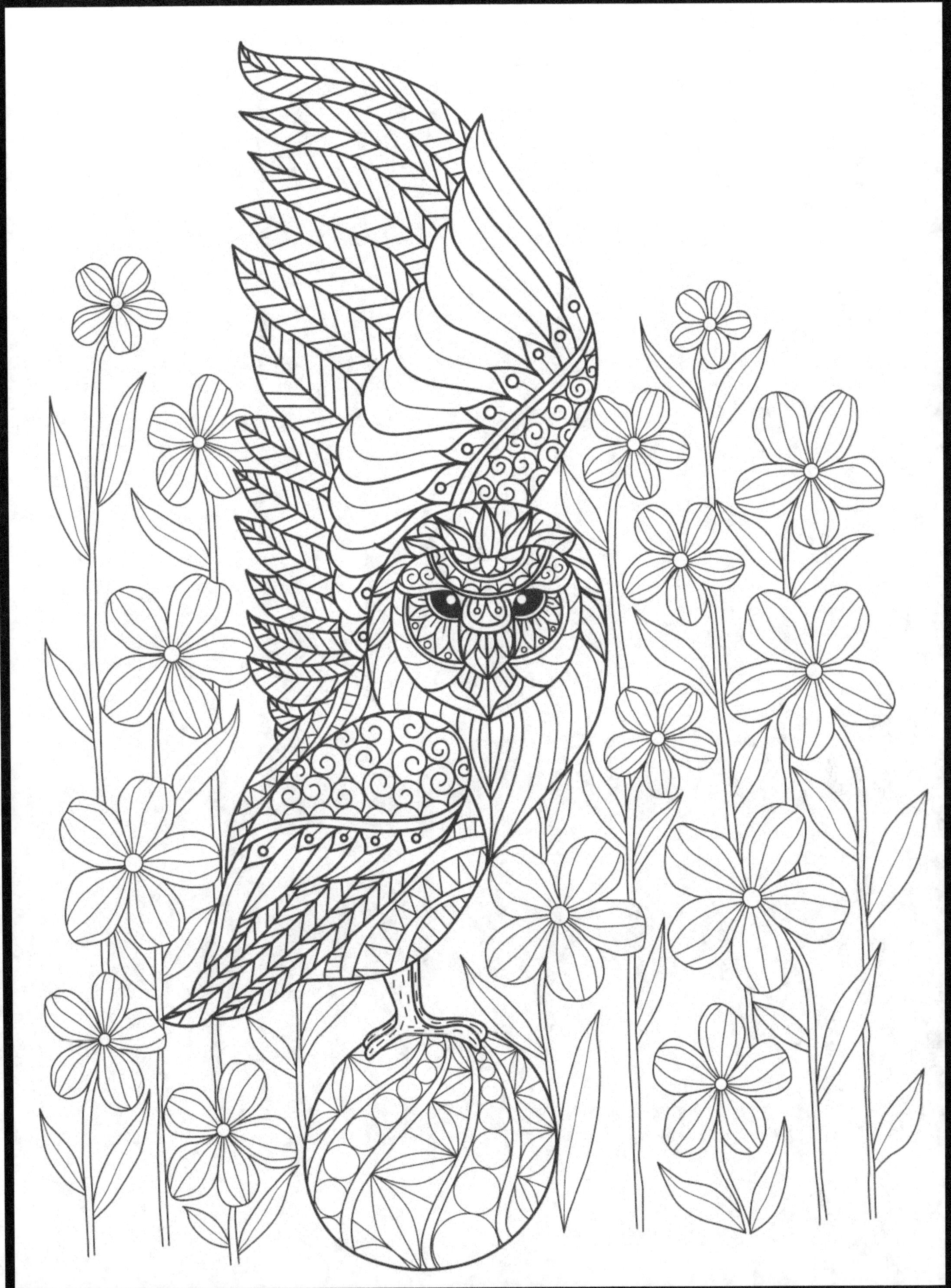

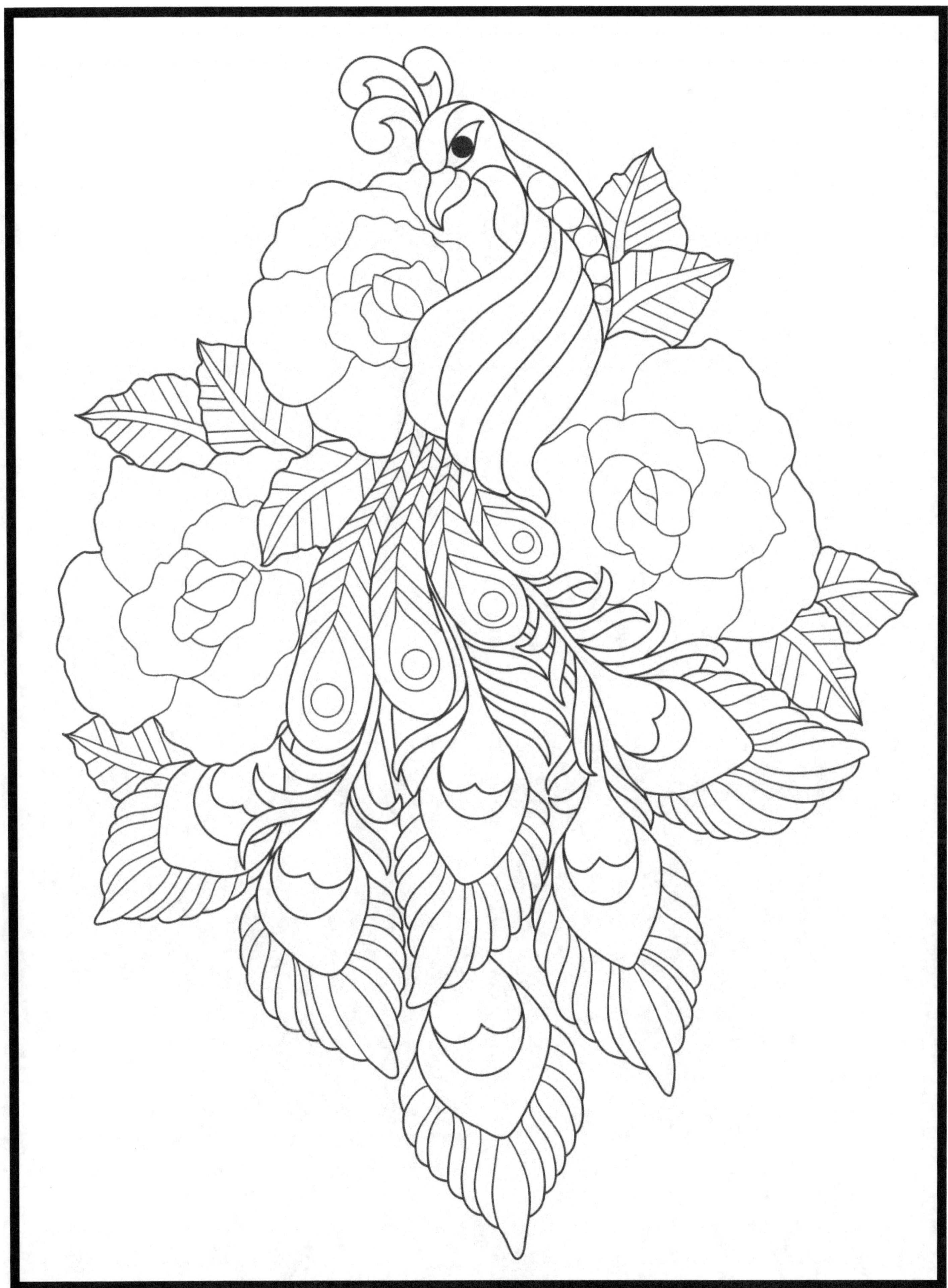

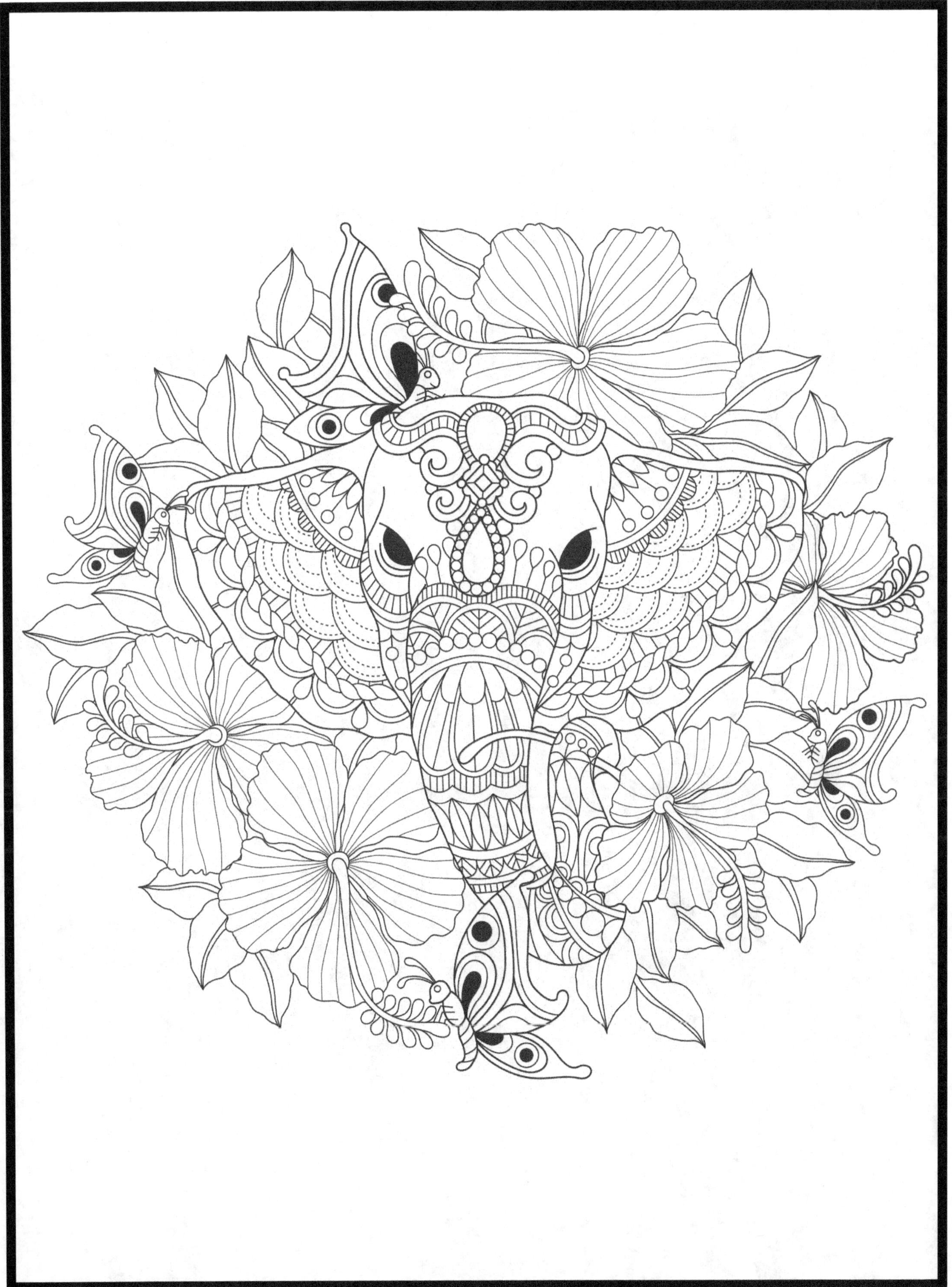

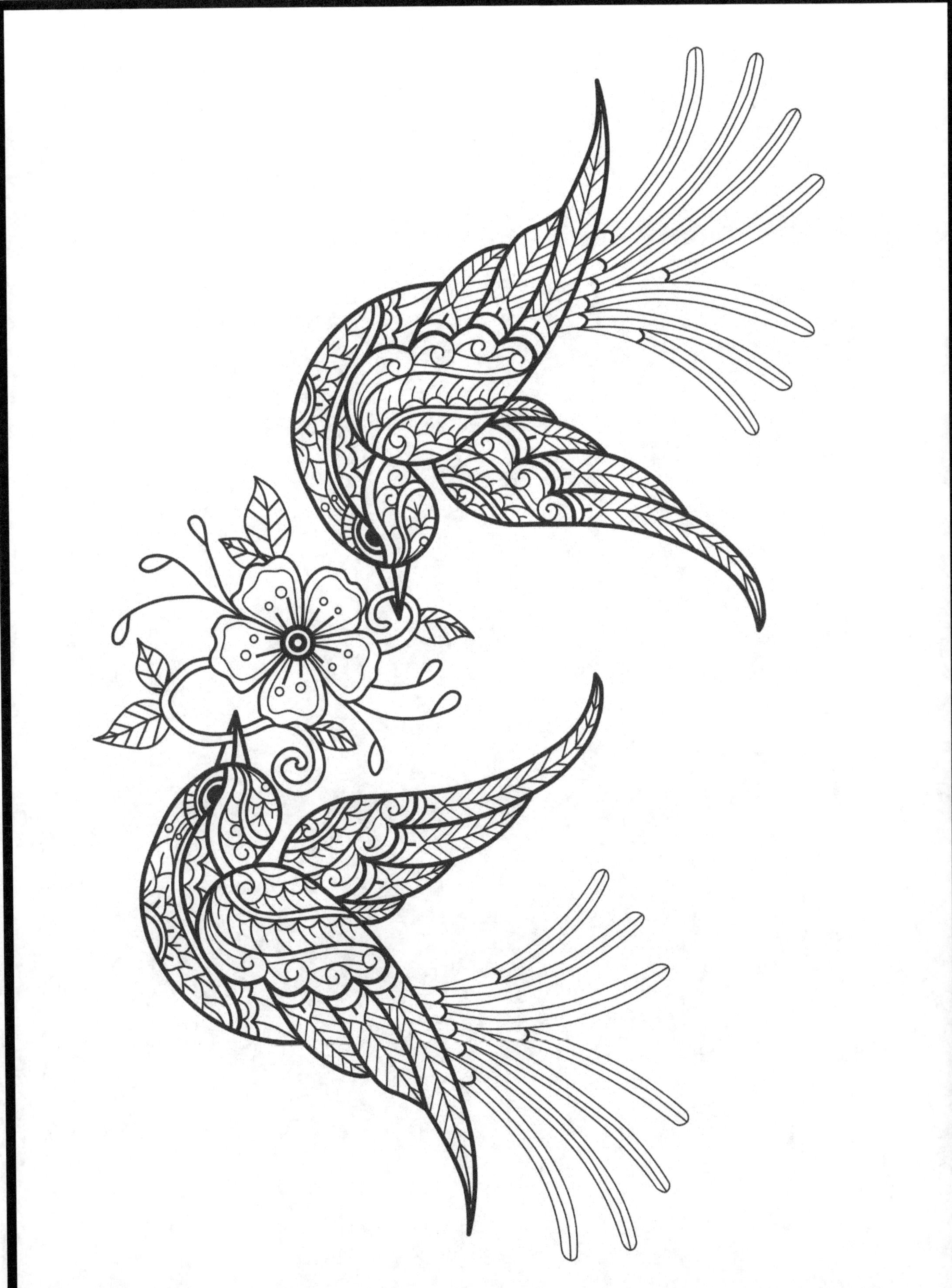

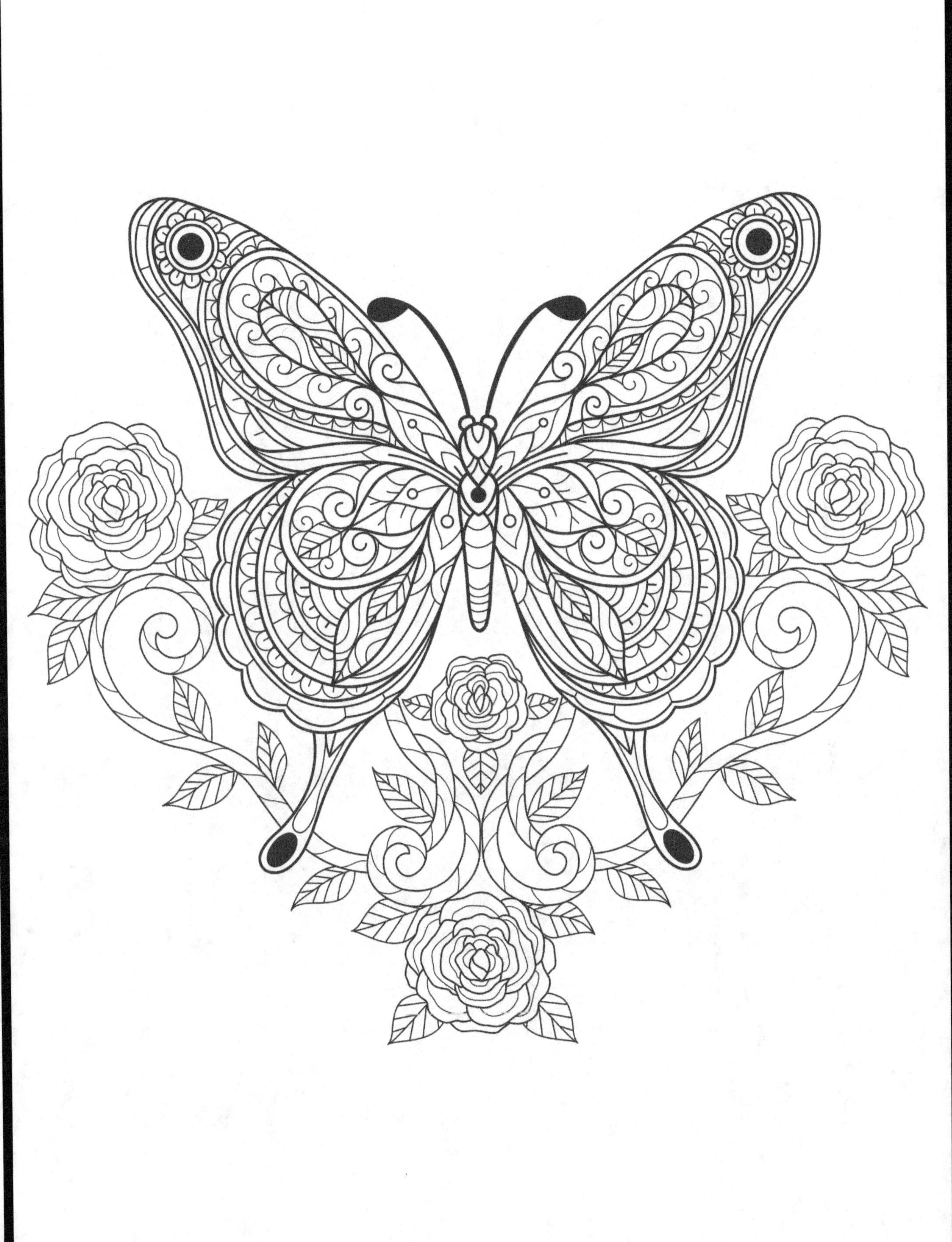

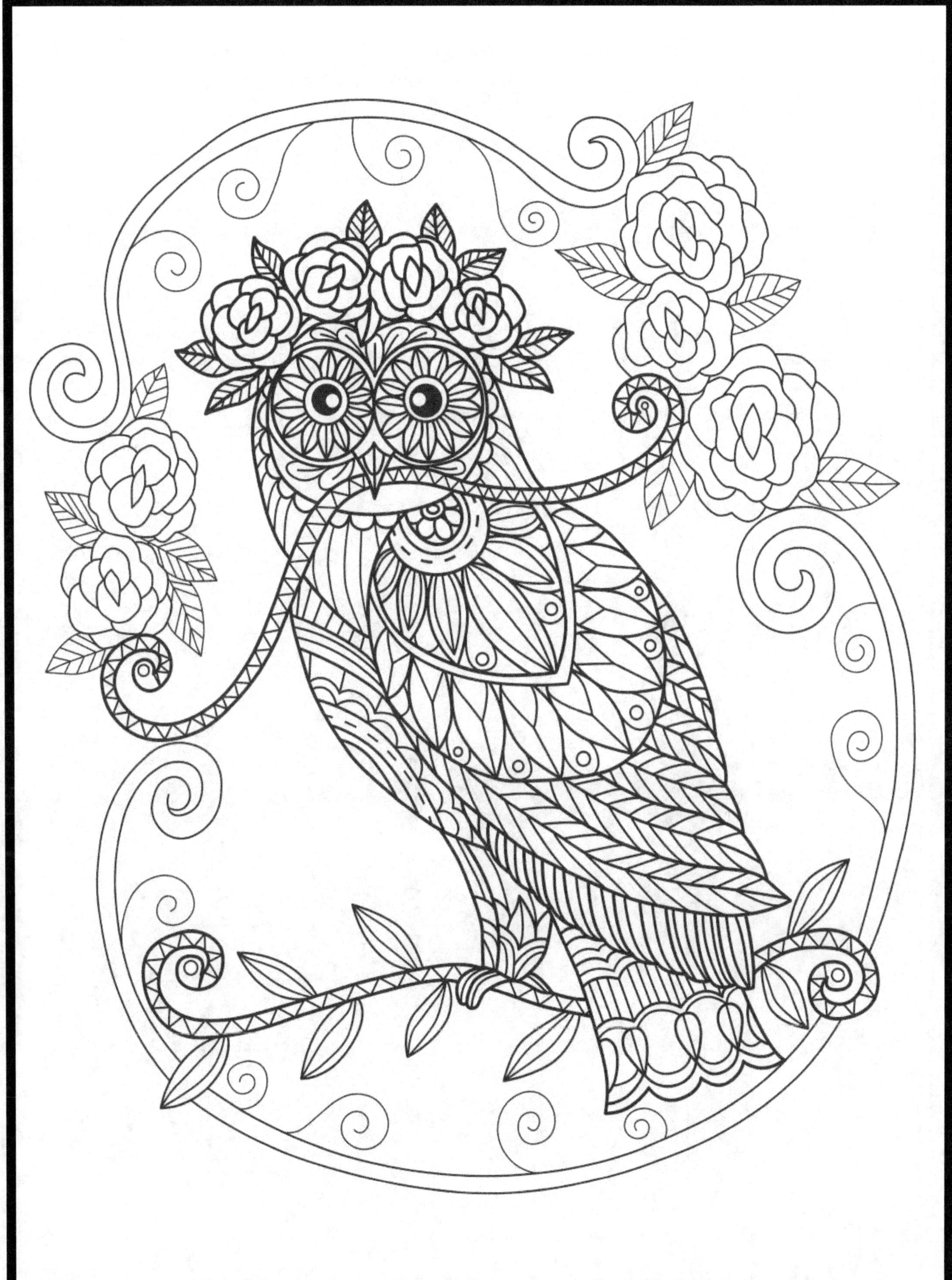

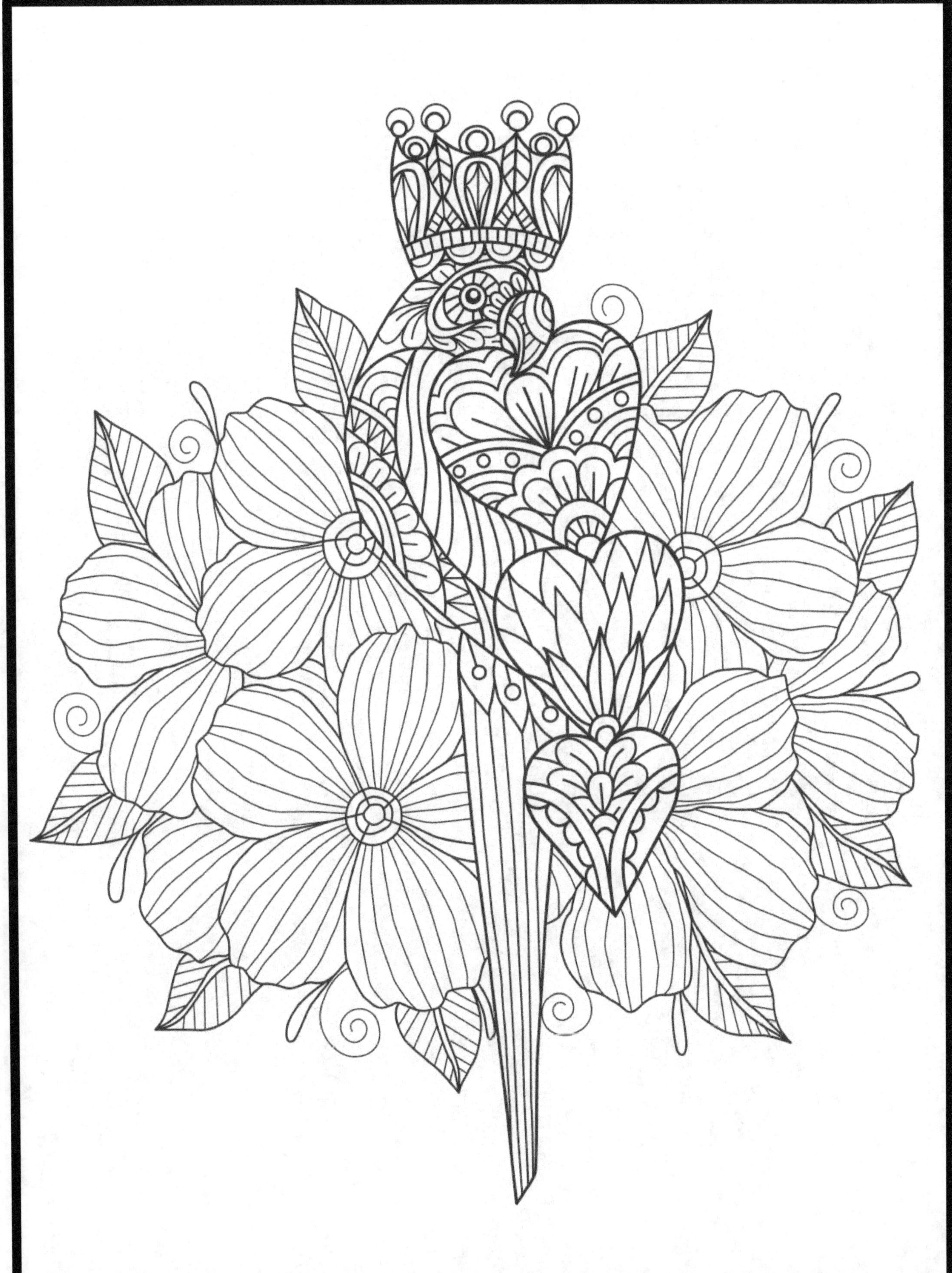

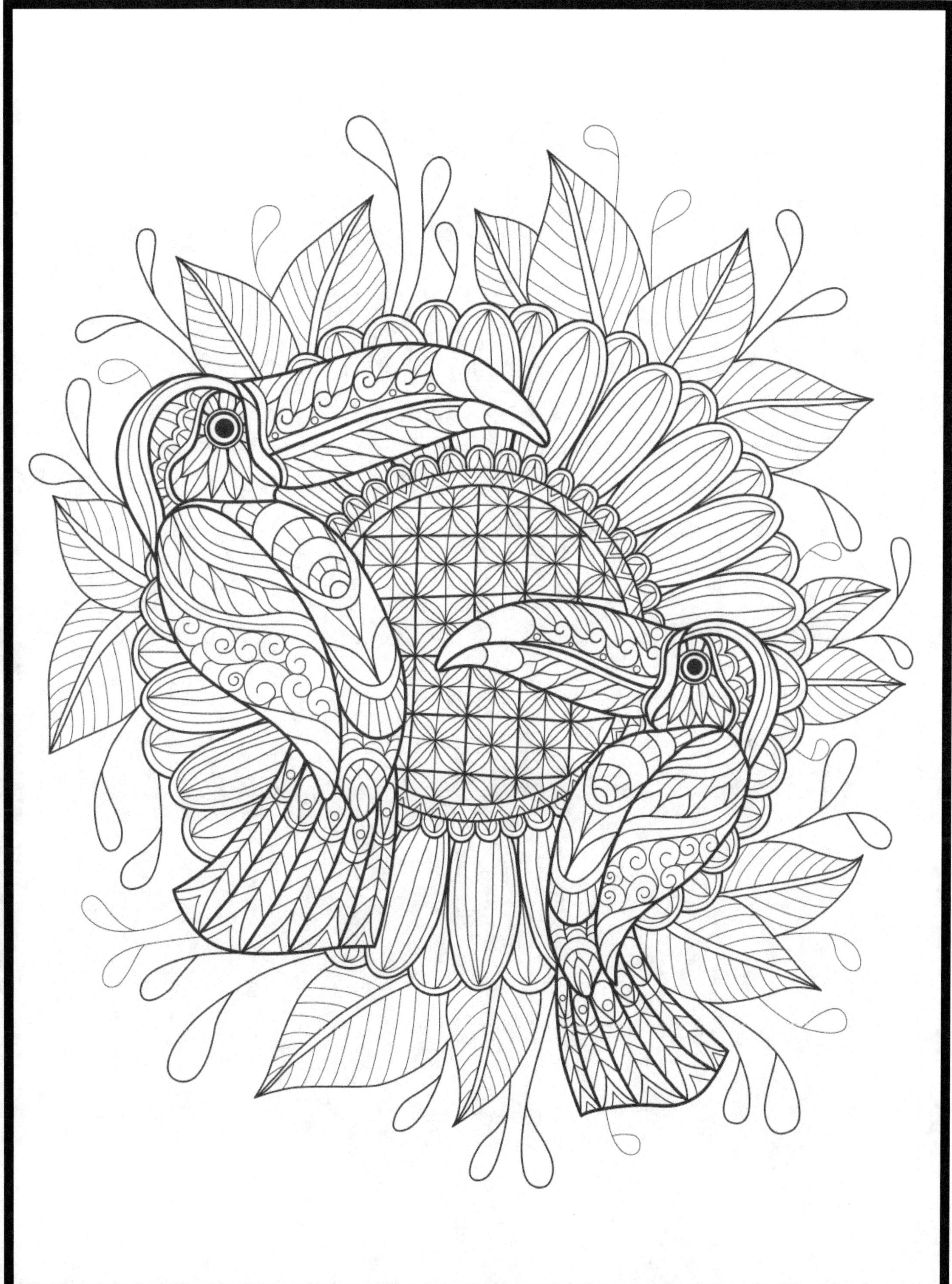

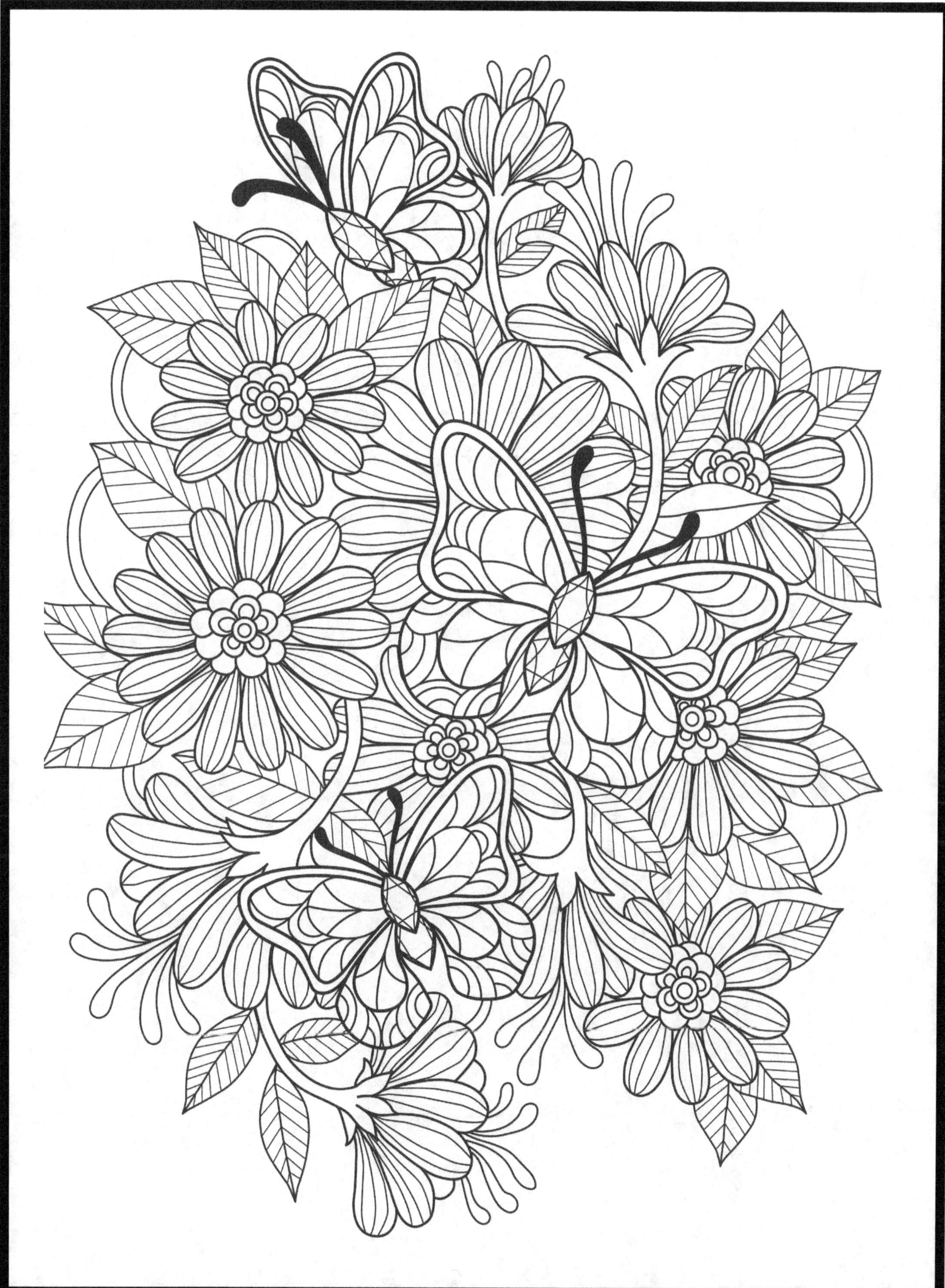

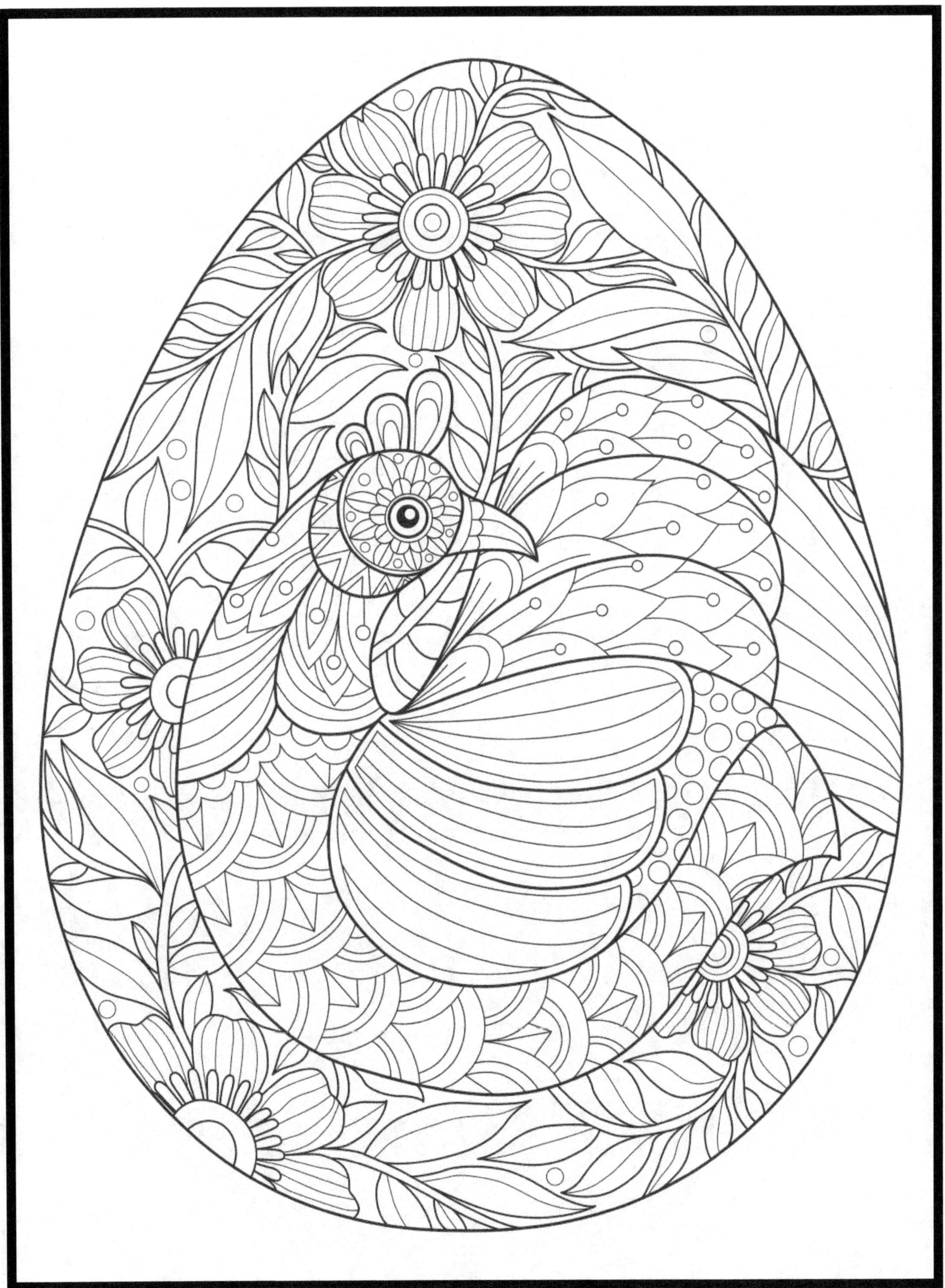

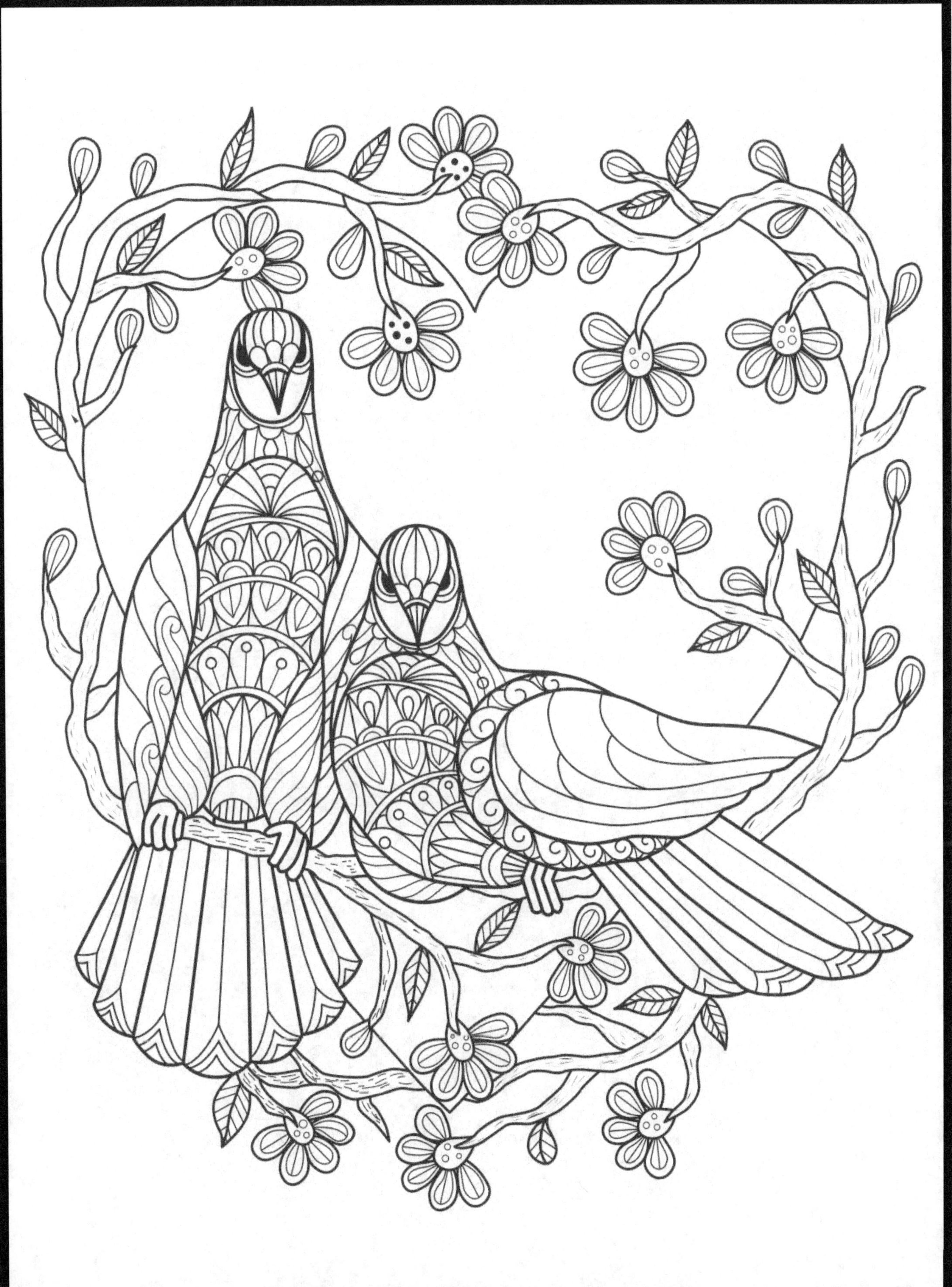

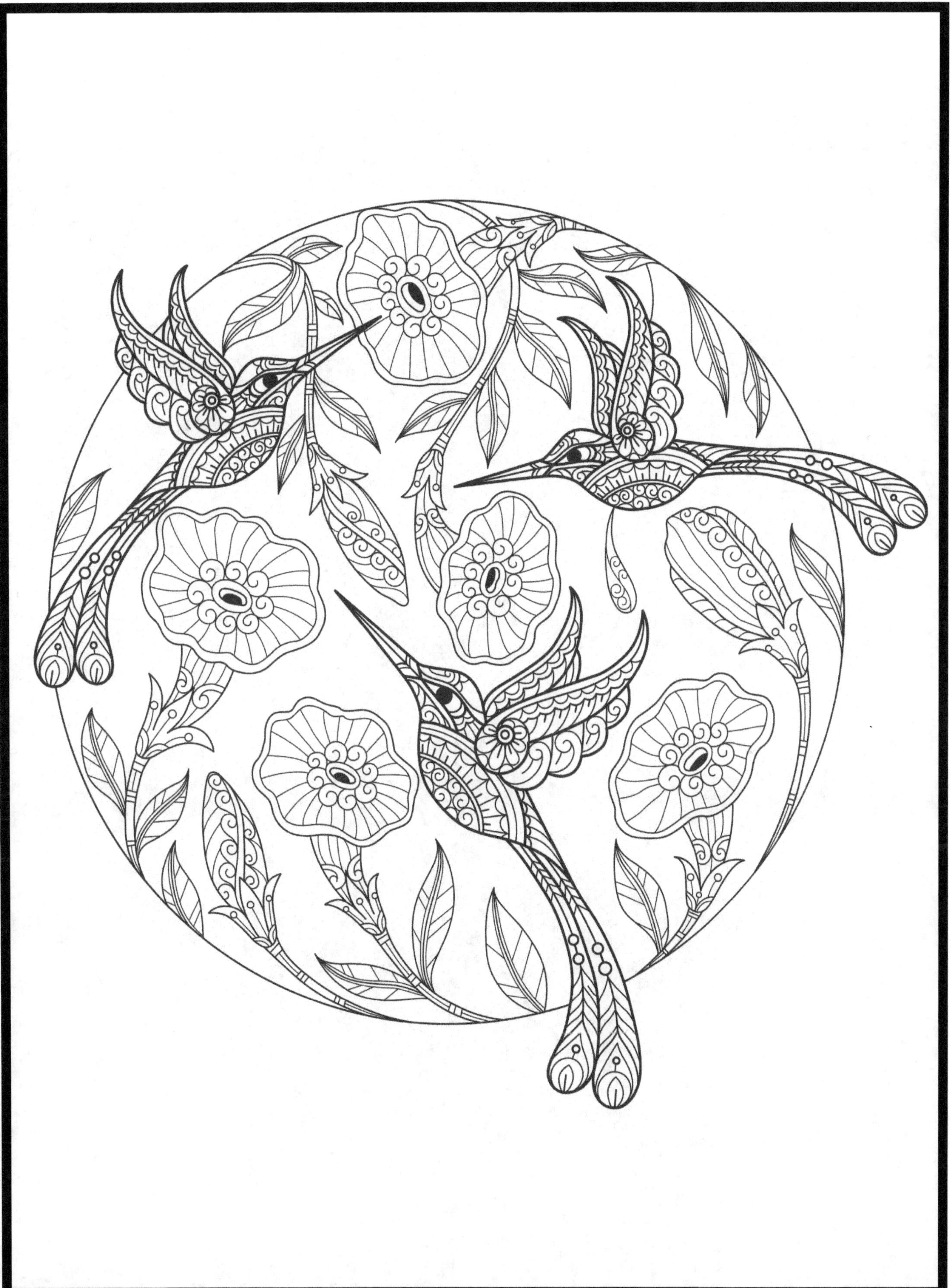

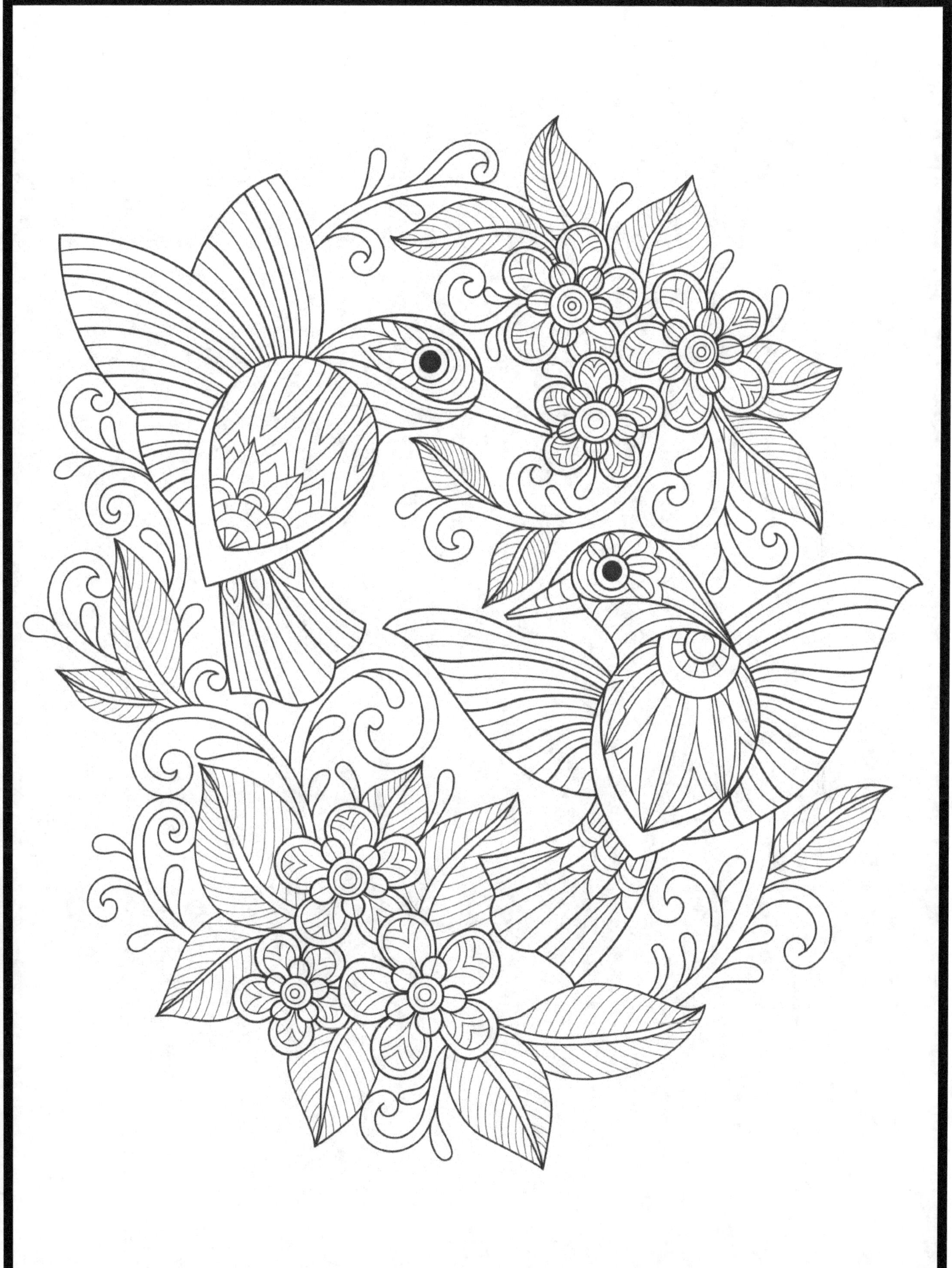

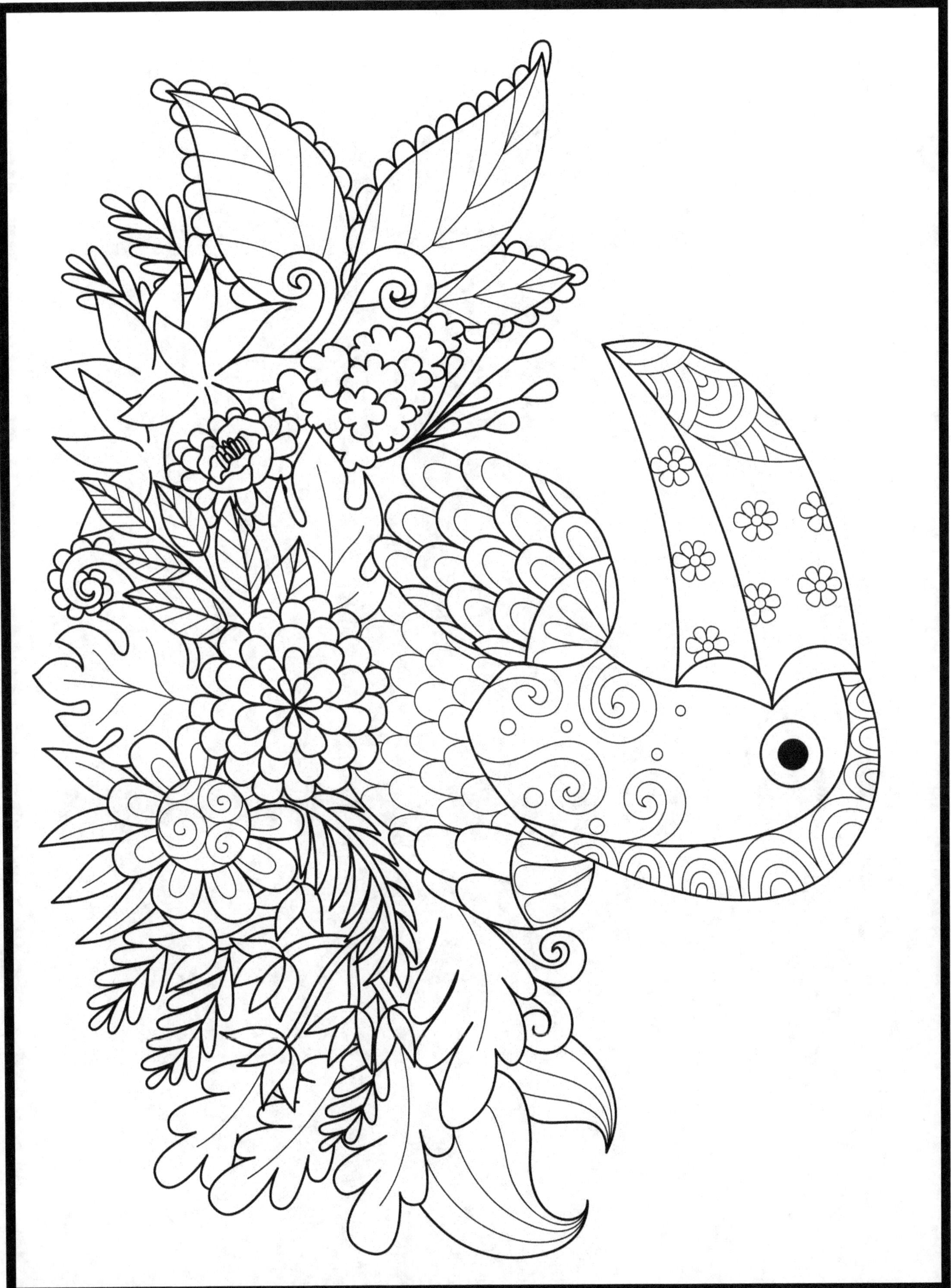

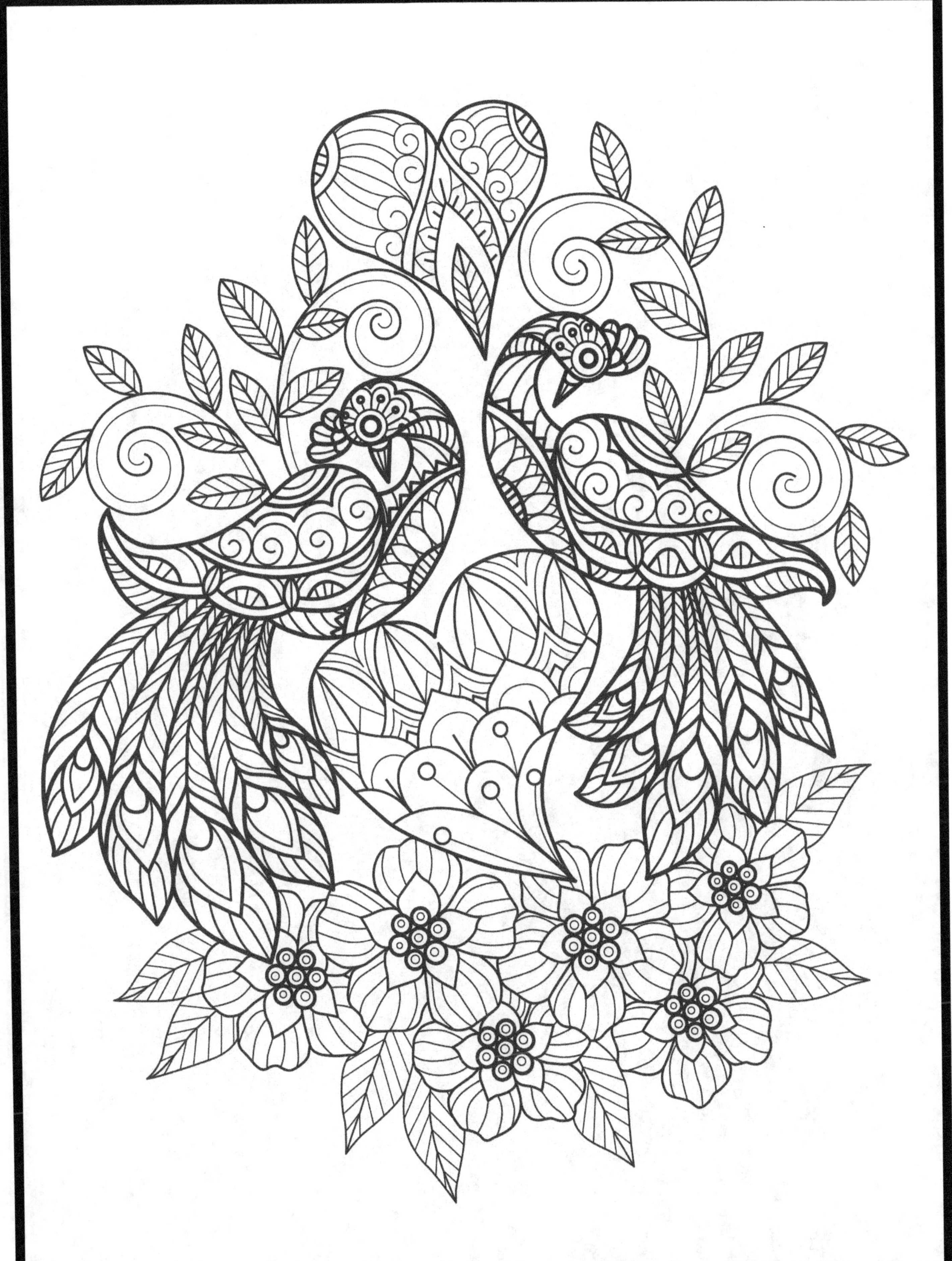

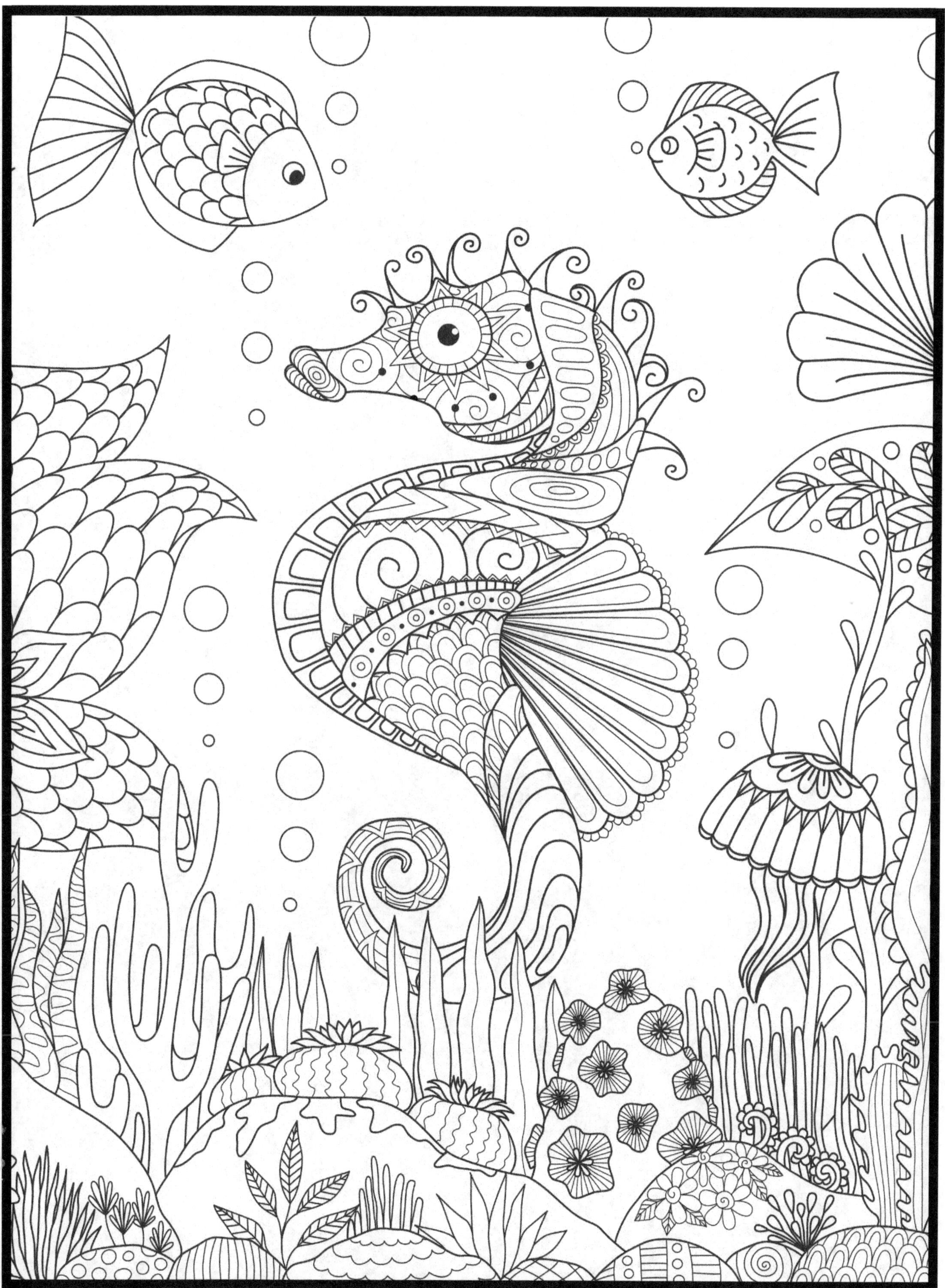

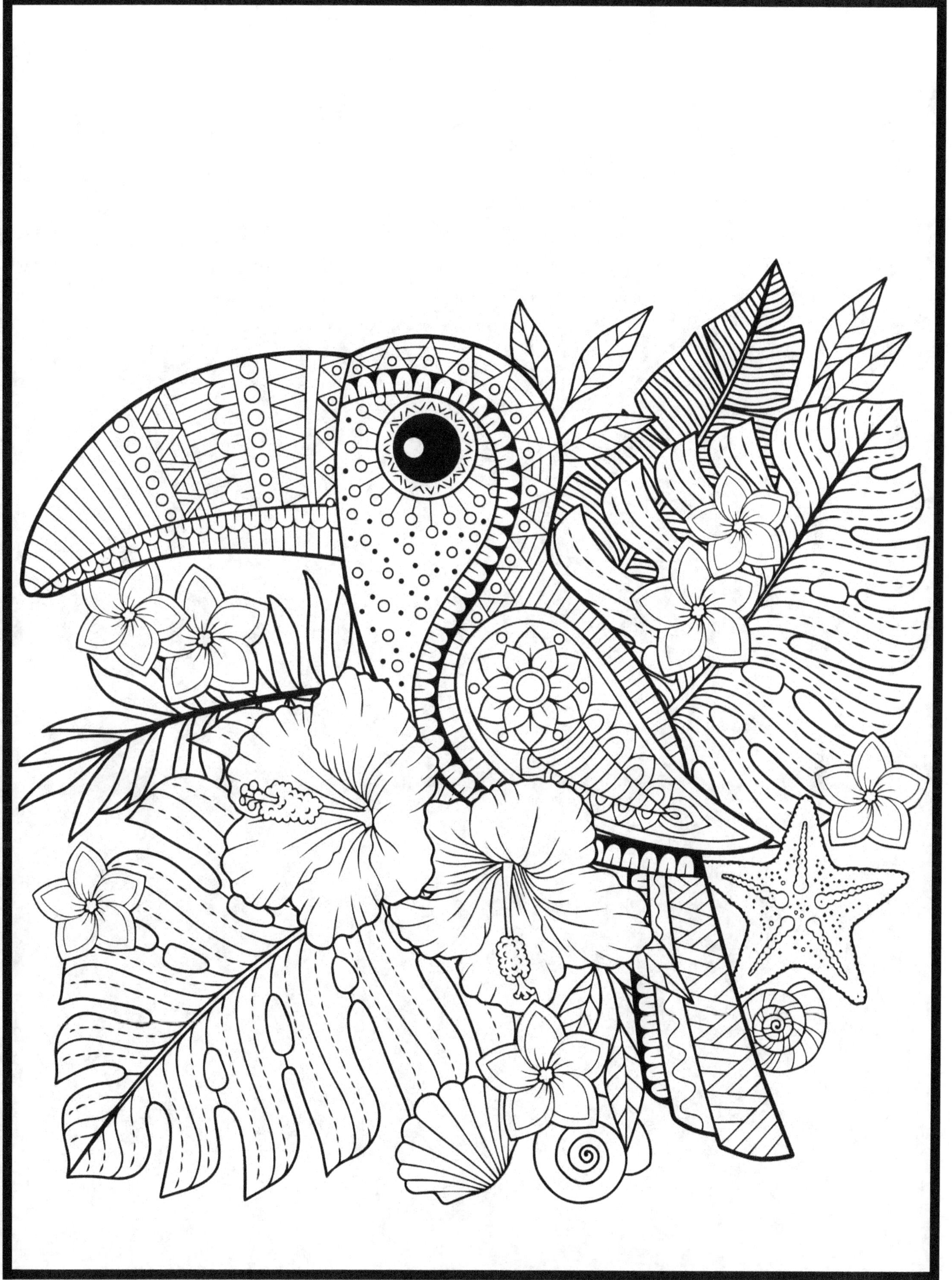

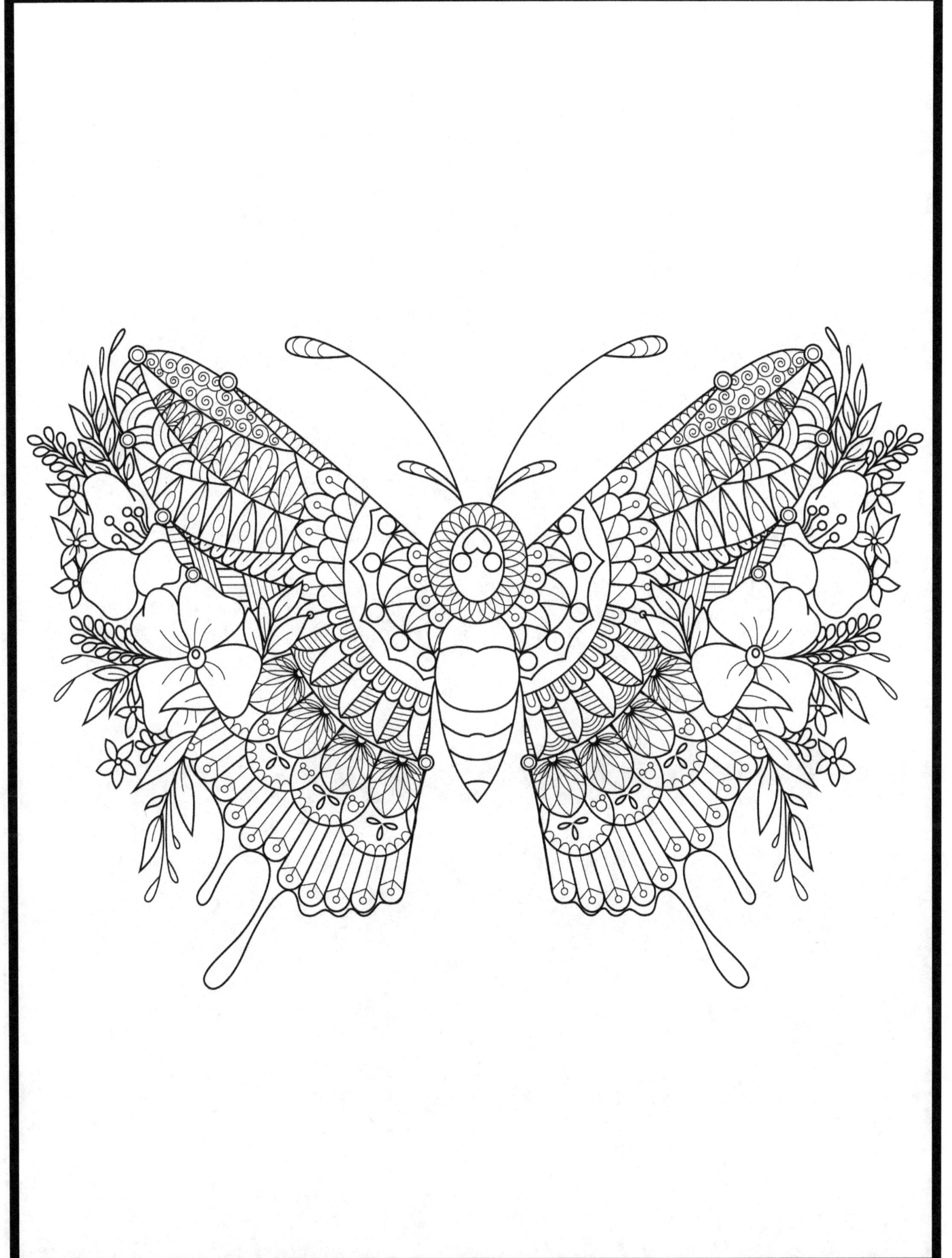

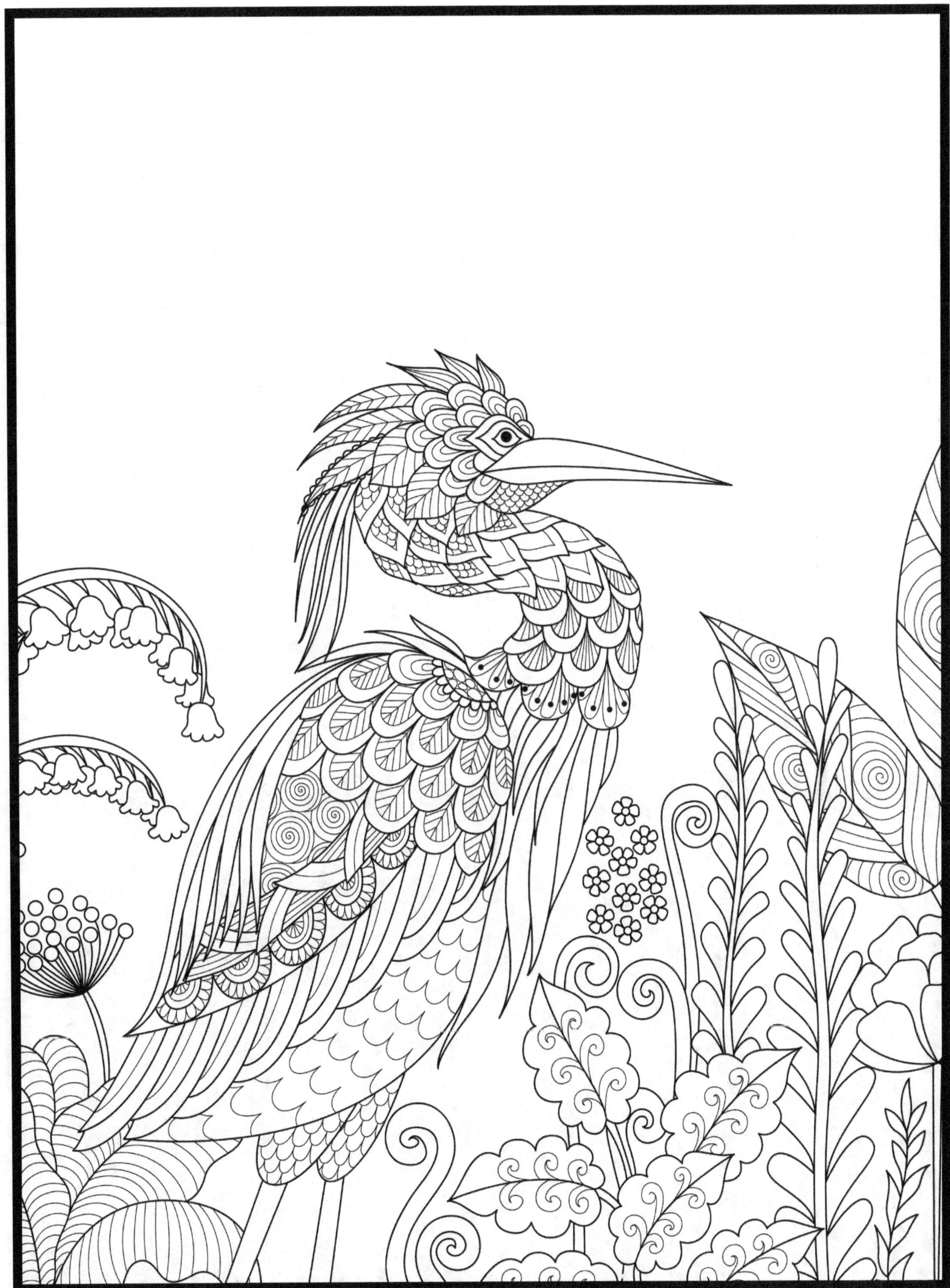

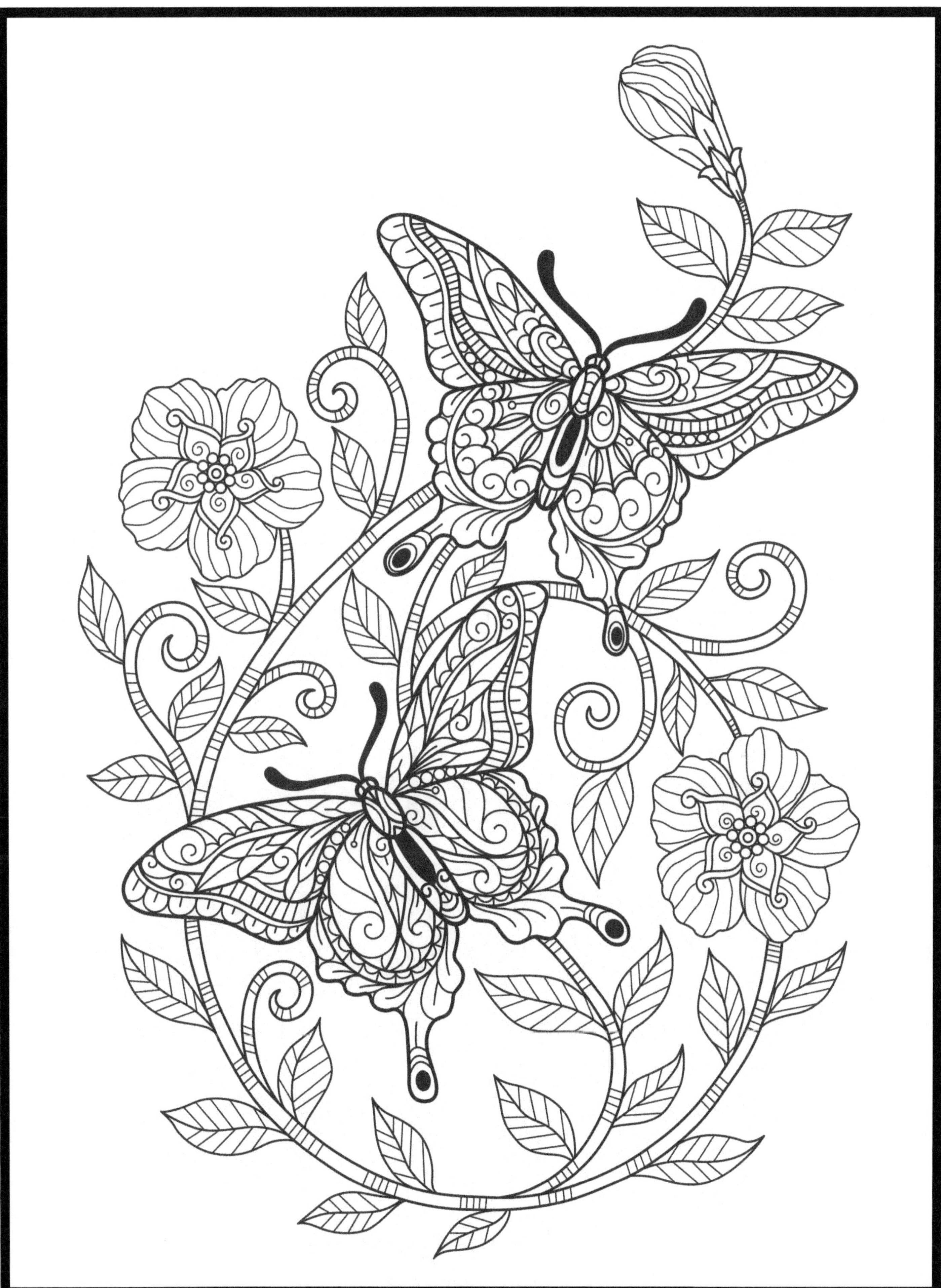